Chroniques cinéma
Les Yeux de la momie

Du même auteur
chez le même éditeur

Chroniques

Jean-Patrick Manchette

Chroniques cinéma
Les Yeux de la momie

Textes choisis par Doug Headline

*Collection dirigée par
François Guérif*

Rivages/noir

Retrouvez l'ensemble des parutions
des Éditions Payot & Rivages sur

payot-rivages.fr

Une édition complète des chroniques
sur le cinéma de Jean-Patrick Manchette
est parue aux Éditions Rivages en 1997.

© 2015, Éditions Payot & Rivages
pour la présente édition
106, boulevard Saint-Germain – 75006 Paris

Préface

Ce devait être en juin. Au printemps ou au début de l'été, à moins que ce ne fût par une belle fin d'automne de l'une de ces dernières années 70, où beaucoup de gens vivaient encore, 77, par là.

C'était un midi, ça c'est sûr, dans un restaurant à deux pas de Notre-Dame, près d'un petit square, il faisait beau. Wolinski nous avait dit (nous : la bande de *Charlie hebdo, Charlie mensuel* et *Hara-Kiri* de ce temps-là, six ou sept) : « Allons déjeuner ensemble, j'ai invité un écrivain. » Bien entendu il avait dû dire « bouffer », mais ce verbe sied mal à l'évocation de cette première rencontre avec un Manchette en complet clair au milieu des nappes et serviettes blanches empesées, nous regardant approcher avec une inclinaison de tête bienveillante, combinée à une avancée du buste attentive, le tout du plus aristocratique effet, c'est-à-dire engageant, avec retenue. Mais extrêmement affable. À l'aide d'un fume-cigarette en Galalithe noire, en vente dans tous les bureaux de tabac, il donnait à sa main une élégance botticellienne. La fumée, bien dressée, qui en montait lui fournissait le prétexte de fermer un œil à demi, celui-là même, de velours, avec lequel Victor Mature caressait le visage de Gene Tierney dans *The Shanghai Gesture* de Josef von Sternberg, 1941, 106 minutes.

Il nous avait distribué, gage de civilité, des exemplaires de son roman *Le Petit Bleu de la côte Ouest* qui venait de paraître. Un livre chacun, que nous ouvrîmes et feuilletâmes, ravis, comme si déjà le texte agissait sur nous, de la même manière que le whisky ambré des verres cannelés.

À l'époque, les dangers du tabac n'étaient rien de plus qu'une pièce en un acte de Tchekhov, aussi, aspirant longuement la fumée, nous partagions cette grisante lévitation sans laquelle nous n'eussions été que gentlemen reclus dans la lumière croupie d'un club londonien. Là nous étions – et bien évidemment ceux qui ne fumaient pas en étaient aussi – une tablée n'en revenant pas, les uns de faire des journaux, l'autre d'écrire des livres et d'en tirer de quoi nous offrir des mets intéressants, des vins convenables, afin de faire lucidement le point à propos de ce qui nous écrasait obstinément et aveuglément mais sur lequel nous avions l'avantage de savoir qu'il nous écrasait (Pascal). Nous en crèverions mais l'univers n'en savait ni n'en saurait jamais rien. Noble consolation ! Paisible désespoir ! Buvons !

Au terme de ce quasi-congrès il fut convenu qu'il allait « essayer » de tenir une chronique dont l'objet serait le roman policier. Ainsi commencèrent les années « Polars », succession régulière de critiques qu'il appelait parfois « livraisons ». Il devait reprendre d'ailleurs continûment cet archaïsme pour désigner les chapitres de *La Position du tireur couché*, publié mensuellement, des années plus tard, dans *Hara-Kiri*. Utilisant ce terme désuet, il cherchait sans doute à se réincarner, si peu que ce fût, dans ce fournisseur de littérature, le feuilletoniste, payé au signe, condamné à produire, chez qui la veine laborieuse n'excluait pas le talent, mais surtout homme de métier.

Comme beaucoup de créateurs, gens qui parlent de rien, il affectionnait les petites mises en scène rassurantes. Commencer un ouvrage est moins angoissant si on l'aborde dans un rôle de composition. Par exemple être « feuilletoniste du XIXe siècle » ou bien jouer à être Hammett ou Chandler, ou, plus humblement, figurer devant une Underwood raide comme un piano droit, l'un de ces galériens scénaristes ramant dans les grands studios hollywoodiens de l'âge d'or du cinéma américain, fouetté par les gardes-chiourmes producteurs, exploité par les grands pontes illettrés, à la fois auréolé et maudit. Et voilà que nous approchons du cinéma.

Avons-nous, pour décider Manchette à tenir une rubrique régulière sur le cinéma dans *Charlie hebdo*, renouvelé, à deux années de distance, la cérémonie propitiatoire, avec nappe et serviettes empesées, à un jet de pierre de Notre-Dame ? Sans aucun doute car, bien que le menu ne soit pas tout dans le *Banquet* de Platon, on peut supposer que, sans la chère et la circulation des coupes, la tenue des propos n'eût jamais atteint la hauteur qu'on lui connaît.

Il n'est pas mauvais de rappeler qu'au moment où, dans *Charlie*, se pouvait lire la première critique de films signée Manchette, sous le titre générique « Les Yeux de la momie », Georges Marchais passait ses vacances en Yougoslavie marxiste-léniniste et que Jacques Chirac, une jambe dans le plâtre, lançait depuis l'hôpital une exhortation (appel de Cochin), dont on pourrait sans doute retrouver l'idée générale pour peu qu'on s'en souciât. Les Français avaient voté pour l'élection du premier Parlement européen. Ceux qui avaient une raison pour le faire commémoraient les vingt-cinq ans de Diên Biên Phu. Bokassa croquait ses derniers enfants noirs après avoir mangé son pain blanc le premier, et ses diamants n'allaient pas tarder à percer les poches de Giscard d'Estaing. Margaret Thatcher, nouveau Premier ministre britannique, commençait aussitôt à écrire des scénarios socialement catastrophes pour Ken Loach. Après des années de crimes tranquilles, le tueur de l'Oise se faisait prendre : un gendarme !

Et puis vint le temps où Manchette, se voyant offrir la rédaction en chef de *BD, l'hebdo de la BD*, l'accepta. Journal édité par les Éditions du Square, comme *Charlie hebdo, Charlie mensuel* et *Hara-Kiri, BD* avait mis à la une de son premier numéro Manchette scénariste de Tardi (*Griffu*, néopolar dessiné, à suivre…).

Manchette rédacteur en chef, nous nous vîmes tous les jours. Riche époque. Derrière son bureau à tréteaux, Manchette, accoudé à un Frigidaire bas, encensé par son fume-cigarette, enseignait. Se succédaient, sur un panorama visionnaire, virtuel avant l'heure, les steppes révolutionnaires, les hautes futaies de l'écriture, les labyrinthes du filmage et de la politique, les arcanes et, de mille autres choses, les souterrains, les oubliettes, les greniers et les cachettes, les au-delà et les lieux-dits.

Mais, plus encore que son habileté de montreur d'ombres et d'images, opérait son charme de parleur. Son verbe. Qu'il avait fluide, soudain hoquetant, fluide à nouveau, puis cours d'eau tortueux, puis chutes fracassantes, puis delta apaisé, puis simples paroles de causeur sirotant son verre. Comme ça : « Et à présent je ne crie plus quand un beau film s'assombrit ou se décadre, parce qu'il se trouvera toujours un jeune cinéphile pour crier, et parce que, moi, je ne veux pas du tout me réveiller, revenir à l'existence – l'existence du projecteur, celle du projectionniste, la mienne, etc. –, je veux rester avec l'apparence et ne pas en perdre une miette. Et j'ai beaucoup d'informations sur, par exemple, *L'Aventure de Mme Muir*, mais ce que je sais de plus important sur ce film, c'est qu'à la fin toujours je vais pleurer. »

Avant qu'il ne se recompose aujourd'hui, en ce temps-là – précisément le 11 janvier 1982 –, *Charlie hebdo* se défit, ce qui donna lieu, entre autres convulsions dernières et éruptions finales, à l'ultime chronique signée Manchette Bros, qui causa une stupéfaction mémorable et dote ce livre d'une chute étonnante, phénomène peu fréquent dans les recueils d'articles. Avis donc à ceux qui seraient tentés de sortir avant la fin du livre, à l'imitation de ces spectateurs d'avant-guerre. Ne pas se laisser prendre dans la foule était leur mot d'ordre, aussi, dès les signes de la fin, les fauteuils claquaient. La ruée gâchait le *happy end*. Il n'empêche que presque tous se retrouvaient à piétiner dans les allées sur l'air de *Avoir un bon copain*, chanson du film *Le Chemin du paradis*, avec Henri Garat et Lilian Harvey pour la version française, 1930, 80 minutes.

BD, l'hebdo de la BD s'éteignit aussi. On débrancha le Frigidaire et Manchette dut retirer son coude. On se revit. La moitié jeune de Manchette Bros, juvénile et narquoise, vint chaque mois livrer les épisodes du feuilleton néo-polar *La Position du tireur couché*. Et lorsque son agoraphobie relâchait sa surveillance, c'est la moitié senior qui revenait rue des Trois-Portes où subsistait encore *Hara-Kiri*.

Il y avait un accueillant couscous kabyle dans une rue coudée de ce vieux V^e. La dernière fois que je vis Manchette nous y parlâmes de James Cain. Pour m'aider à consolider mon estime pour cet auteur, il me révéla que l'extraordinaire connaissance du chant dont il fait preuve dans *Carrière en do majeur* ainsi que celle touchant à la survie d'un baryton dans l'enfer de l'opéra venaient de ce que Cain lui-même avait pratiqué le chant lyrique en professionnel. En plus bien sûr d'avoir été camionneur et chasseur de rats ainsi que le veut la légende attachée aux auteurs américains ; ainsi que le veulent surtout les rabâcheurs de légende dont nous tombions d'accord, en reprenant un alcool de figue, qu'ils devaient être activement méprisés.

Au fait, le cinéma. Lorsque Manchette racontait, élucubrait, vaticinait, psalmodiait (très peu), se confiait (parfois), chacun de ses dits, y compris le pénultième, lâché avant de prendre sa Deux-Chevaux et de rentrer dans une Rolls d'où jailliraient deux indignés smart qui, le reconnaissant, se changeraient en admirateurs émus (j'ai vu cela), chacun de ses dits, donc, exprimait une vision illimitée et vertigineuse, embrassant le monde et l'histoire, le passé, le présent, toutes les vies et toutes les idées. On peut imaginer alors quel repos constituait pour lui le cinéma, qui ramène tout aux dimensions reposantes et rassurantes d'un écran.

Et aussi : il nous laisse une masse de critiques où le nom des films importe peu. On peut remplacer les titres. Restent son jugement, son discernement, sa lucidité, sa pénétration, sa morale qui s'appliquent à tout. Une philosophie.

Et ceci, extrait d'un entretien rapporté dans *Chroniques*[1] page 10. À propos du tournage d'un film. Question : Vous y avez participé ? Manchette : J'étais dans le secteur.

Gébé

---

1. Voir *Chroniques* de Jean-Patrick Manchette, dans la collection Rivages/noir.

57 notes sur le cinéma

(extrait du *Journal*, 1978)

1

Après la radio et avant la télévision, le cinéma est la principale innovation culturelle de la première moitié du XXe siècle, à la fois comme Art et comme moyen de communication unilatérale. Il doit donc contenir les secrets de ce temps.

2

La critique, y compris la critique du cinéma, ne peut être qu'une critique de la totalité. Quand elle sépare son objet, elle ne peut plus y trouver l'Esprit qui se meut en lui-même, mais seulement des traces : un code. (Pour les structuralistes de tout poil, il y a eu de l'Esprit mais il n'y en a plus.) Ou inversement elle n'offrira qu'un commentaire extérieur à son objet, à partir des idées du marxisme, par exemple, ou de la psychanalyse, etc., n'obtenant qu'un maigre résultat ou plutôt pas de résultat du tout, et n'exprimant au mieux, quant au cinéma, que ses sentiments – et d'une manière bestiale, par le *gémissement* chagrin ou content du cinéphile, de l'intellectuel de gauche, du militant chrétien, etc.

2a – La critique de ou du cinéma liée à la psychanalyse est courte. Elle caractérisera par exemple l'état de spectateur comme un « état régressif artificiel »

(Jean-Louis Baudry), état de régression de la libido adulte à la satisfaction fantasmatique, du moi adulte au moi narcissique du rêve, avec « indistinction représentation/perception, indistinction actif/passif, indistinction agir/subir, non-distinction des limites du corps – corps/sein – manger/être mangé, etc. ». De telles notations nous éclairent certes sur les rapports entre le cinéma et la psychanalyse (ou si l'on veut entre le cinéma et le *psychisme*), mais c'est-à-dire qu'elles nous éclairent seulement sur des *médiations spécialisées* (des médiations selon une spécialité idéologique), et non pas sur les rapports du cinéma et de la totalité. Pour parler grossièrement, de telles notations signalent seulement ce qui *aide l'effet de cinéma à fonctionner*, ce qui fait partie de l'effet de cinéma mais n'est pas *tout* cet effet (et le tout de cet effet n'est pas non plus la somme de cette partie et d'autres parties, le tout n'est pas la somme des parties).

3

Seul un gauchiste ou une bête peut vivre de pommes de terre. Seul un Godard peut croire qu'il n'y a pas d'Esprit dans le cinéma et, après avoir voulu y ajouter un commentaire extérieur, et être allé rameuter Brice Parain, García Lorca, Raymond Devos et Mao Tsetoung, s'imaginer en 1976 que le cinéma est un travail intérieur *de l'objet sur l'objet*, et non de l'Esprit sur lui-même – c'est pourquoi il filmera des moritones et des téléviseurs, ou bien il se filmera lui-même en train de forcer une femme de ménage à chanter *L'Internationale.* Mais là où il n'y a pas d'esprit au début, il n'y en a pas non plus à la fin. (Et ce spectacle est intolérable.)

4

L'image n'existe pas sans l'idée. Certains sauvages ne se reconnaissent pas en photographie. L'idée de filmer autre chose que du théâtre en plan général prit son temps pour se former. Il paraît que le premier trucage, l'autobus Madeleine-Bastille changé en corbillard, fut la conséquence d'une idée qu'avait eue la caméra, tombée en panne pendant quelques instants. (Ici nous voyons un objet penser parce que le cinéma est un art mécanisé.) Les spectateurs de 1950 ou 1970 trouvent excessif et faux le jeu des acteurs du cinéma muet. Le spectateur veut voir son idée ; quand il ne la voit pas, il proteste que le film manque de *naturel.* L'idée que le spectateur veut voir, sa propre idée se présente immédiatement à lui comme *une nature.*

5

Le cinéma est l'idée que le spectateur et le cinéaste ont en commun : l'idée que *les* spectateurs et *les* cinéastes – y compris le technicien, l'acteur, le producteur, etc. – ont en commun. Le cinéma est un rapport entre des gens, médiatisé par des images (une chose). Non, le cinéma n'est pas un rapport entre des gens, c'est seulement l'idée d'un rapport, c'est un rapport entre une personne et une chose (des images). Le cinéma est une séparation entre les gens qui contient les rapports entre les gens comme moment supprimé.

5a – Le cinéma est un rapport entre des personnes (le spectateur, le cinéaste) médiatisé par des idées (des images) ; c'est aussi bien un rapport entre des choses (l'argent du producteur, la force de travail du cinéaste, celle du spectateur, l'argent du spectateur, le film) médiatisé par des personnes.

Comme des Américains riches faisant du tourisme chez les miséreux et se faisant photographier par les miséreux, les marchandises font tourner des films à leur gloire par les porteurs de marchandises, et elles les font voir, elles les projettent aux porteurs de marchandises.

6

Le cinéma veut s'outrepasser soi-même et s'approcher de son secret lorsqu'il représente le monde du cinéma (films sur Hollywood), ou même lorsqu'il représente des *représentations* artistiques (monde du théâtre, etc.) ou des apparences mensongères (Hitchcock), et particulièrement lorsqu'il veut représenter les rapports entre représentation et mensonge (*To Be or Not to Be* ; *La Règle du jeu* ; *Girls*). Il découvre ainsi des scissions à l'infini dans le comportement humain moderne, mais il ne peut découvrir le secret de la scission sans se supprimer. Aussi peut-il seulement donner de la séparation une idée séparée, donner une représentation de l'apparence comme « simple » apparence. Toute la complexité du monde est dans l'apparence quand le cinéma la cherche derrière l'apparence. Alors le cinéma se retourne vers l'apparence et dit que tout est là, mais comme il ne sait pas comment, l'apparence est devenue vide.

7

Tout le cinéma veut faire voir, dans le réel, les idées (ainsi Lang faisant voir l'idée du nazisme dans les Japonais d'*American Guerilla in the Philippines*). Le cinéma de propagande n'est qu'un cas particulier. Le cinéma fait voir les idées et fait voir leur mouvement autonome. Ce qui est autonome n'est pas connu, et l'idée n'est pas la chose. L'idée du nazisme n'est pas le nazisme ; et l'idée du nazisme n'est pas connue *par American Guerilla*, elle est seulement montrée (Lang et le spectateur la reconnaissent parce qu'ils la possèdent déjà ; mais posséder non plus n'est pas connaître). Le secret du cinéma est que chaque film est un mouvement autonome d'idées, un mouvement d'idées indépendant de la volonté du spectateur, où le spectateur reconnaît d'autant mieux ses propres idées, celles qu'il possède et ne connaît pas, que celles-ci se sont matérialisées dans la réalité (je veux dire ici : hors du cinéma) et se meuvent indépendamment de sa volonté (exemple : l'économie politique).

8

La jouissance du spectateur se trouve donc dans la réconciliation avec ses propres idées qui s'opposent à lui. L'opposition n'est ici supprimée qu'en apparence, de même que, dans le travail (exemples : brouter, fabriquer des autos contre un salaire), le besoin n'est supprimé qu'en apparence. (Il faut distinguer la séparation effectivement supprimée, qui fait place à l'égalité supprimée, et ainsi de suite, comme par exemple dans les rapports humains, l'amour, etc., et d'autre part la séparation supprimée en apparence, qui fait place à *la même inégalité* qu'auparavant, au même besoin, dès que l'opération a pris fin – comme par exemple dans les rapports avec des choses, le travail, le viol, le cinéma, la drogue, etc.)

9

Le cinéma tel qu'il s'est imposé mondialement, tel qu'il a assuré sa suprématie sur le marché et dans les consciences, est principalement le cinéma hollywoodien, le cinéma américain, plus spécialement à partir du moment où l'« avènement du parlant » donne le dernier complément à sa plénitude technique (1929) et jusqu'à la fin des années 50, quand il décline sur le marché et dans les consciences. Provisoirement, nous appellerons cinéma *classique* (plutôt qu'hollywoodien, car il n'est pas limité à Hollywood, où cependant il a son centre) ce moment où le cinéma possède, en même temps que le succès, la complète capacité de ses moyens techniques et aussi formels. Par moyens techniques, entendons à la fois les procédés matériels (son, couleur, etc.), et aussi les procédés « formels » au sens restreint, les procédés formels dans leur matérialité mécanisée (travelling, qui se fait avec des rails, mais aussi flash-back, qui se fait avec une colleuse). Par moyens formels, entendons ces mêmes procédés « formels » au sens restreint. Ces procédés en tant qu'ils sont des idées, et surtout la capacité de représentation étendue à la totalité du réel (y compris l'imaginaire), qui met le cinéma à égalité avec les autres arts de représentation (littérature, peinture).

10

Nous opposerons provisoirement au cinéma classique un cinéma « primitif » qui le précède et un cinéma « moderne » qui lui fait suite. Caractérisons d'abord le cinéma primitif comme le moment où le cinéma s'occupe d'acquérir ses capacités techniques et formelles, et n'est pas encore parvenu à la calme unité avec lui-même. Et appelons cinéma moderne le moment où le cinéma a perdu la calme unité avec lui-même et veut procéder à une critique de soi-même.

(Bien entendu le cinéma primitif est déjà *en soi* le cinéma classique, et ainsi de suite. Mais il ne l'est pas *pour soi*. L'innovation, dans la période primitive, aperçoit confusément l'avenir qu'elle contient, et symétriquement *l'innovation qui vient tard* – le travail de Welles – se connaît comme la vérité de la période précédente.)

11

Le cinéma primitif (des origines aux années 20) inclut toutes les innovations techniques et formelles de l'histoire du cinéma, à l'exception du travail de Welles et de nouveautés insignifiantes (CinemaScope, etc.). Contemporain de la dernière période de création artistique (Dada, surréalisme), période qui inclut la négation de l'Art, le cinéma primitif arrive *presque* en retard, et parcourt très vite, par ses propres moyens, l'Histoire de l'Art et en même temps sa propre histoire formelle et stylistique, jusqu'à l'idée de sa négation et son idée de la négation, incluses (écran noir).

12

La *polyvalence* d'Orson Welles mérite que ce cinéaste soit un moment placé au centre de la réflexion sur le cinéma, comme archétype du cinéaste cultivé qui connaît sa propre histoire et celle de l'Art et de la culture, et qui sait être l'aboutissement *pour soi* de ce qui était seulement *en soi*, et la naissance *en soi* de ce qui aboutira *pour soi* seulement ensuite. Nous en reparlerons.

13

La célèbre formule de Malraux : « par ailleurs, le cinéma est une industrie » est la phrase d'un conservateur de musée imaginaire, incapable de réunir même ce qui n'est pas séparé, un conservateur modeste qui renonce à la connaissance. Le cinéma est une marchandise, un fait de *culture*, un art de l'époque du *marché de l'art*, l'art d'une époque qui voit des styles se créer seulement pour le marché (par exemple : le rock'n'roll), et rien n'exister dans sa plénitude s'il n'atteint pas la plénitude marchande (voyez les stars). Le cinéma classique, en étant l'époque de la plénitude marchande du cinéma, est aussi l'époque de sa plénitude spirituelle.

14

L'histoire de l'Art s'est achevée comme le cinéma tendait vers sa plénitude. Ce qui, dans le cinéma, appartient à l'histoire de l'Art, n'y appartient pas seulement, mais appartient plutôt à la fin de cette histoire et à la fin de l'Art qui ne sont déjà plus de l'Art ni son histoire ; et c'est terminé vers 1920.

15

Le premier essor du cinéma, comme cinéma primitif, est aussi contemporain du premier assaut prolétarien généralisé contre le capital. Et l'époque du cinéma classique est aussi celle de la contre-révolution triomphante, y compris la réalisation du marxisme (1920-1960). Enfin l'inquiétude qui s'empare du cinéma à la fin des années 50 est contemporaine du retour de la révolution, d'abord sous forme d'inquiétude, dans toutes les sociétés modernes.

16

La télévision, qui supprime la radio et le cinéma, est donc leur clé (son anatomie est la clé de leur anatomie). La télévision a bien « tué » le cinéma, mais pas comme l'imaginent *Ciné-revue* et les syndicats de cinéastes. Quand le cinéma a été une représentation séparée de la séparation, la télévision est une représentation *plus* séparée d'une séparation *plus* achevée. Les grandes actions et le bonheur sont plus spécialement le contenu du cinéma classique, tandis que le contenu de la télévision est plus spécialement la vie quotidienne. (C'est ce que soulignent sans le savoir ceux qui tiennent que l'essence de la télévision est le *direct* ; mais c'est aussi ce que montrent les reportages, les interviews, les débats, les feuilletons, et jusqu'aux émissions de variétés principalement centrées sur des vedettes qui se font gloire – et fortune – de leur trivialité ordinaire, tandis que le téléaste ne manque pas de faire voir, autour de ces vedettes, ses câbles, ses praticables, ses caméras, toute sa boutique.) Et la séparation est marquée davantage dans la télévision que dans le cinéma en ce qui concerne aussi la forme selon laquelle ces activités sont pratiquées. Tandis que le cinéma, par la pratique de la salle obscure et de l'attention silencieuse (en principe), pourrait paraître plus *séparant* que la télévision, pratiquée dans le sein de la vie quotidienne, par des gens réunis en familles et qui parlent, mangent et font caca pendant l'opération – c'est au contraire la télévision qui, étant plus familière, est moins connue ; c'est elle qui signifie la plus grande séparation du spectateur d'avec lui-même, et des spectateurs entre eux : on parle et on mange devant la télé, mais dans cette conversation l'on ne se dit plus rien, et cette convivialité est juste bonne pour un con convivialiste.

17

L'époque qui a créé la télévision a aussi créé ses spectateurs, et le médium vient à son heure. Avant que la télévision supprime le cinéma, le cinéma a commencé de se supprimer tout seul. Le néoréalisme est ce moment où le cinéma se méfie de lui-même, rejette ses moyens et ses buts antérieurs et recherche l'unité avec la vie. Il découvre seulement devant lui des objets et des personnes qui se côtoient dans la séparation, et il enregistre cela en recherchant systématiquement un appauvrissement de l'apparence après quoi ne subsistent que les idéologies les plus vagues, sous les formes les plus dégradées (populisme marxisto-chrétien, « problème de l'incommunicabilité », etc.), plaquées sur des informations et sentiments bornés.

18

Quand le cinéma moderne prétend se critiquer lui-même, il feint d'oublier que le cinéma classique a été postérieur à la fin de l'histoire de l'Art, postérieur à la critique du cinéma et à sa négation. Le cinéma moderne qui feint de se critiquer lui-même ne peut que répéter la critique antérieure ; et il ne peut la répéter jusqu'au bout ; et il doit feindre de l'ignorer. La critique est ici remplacée par la pure singerie, la bouffonnerie répétitive des *petits cadres* de la culture qui veulent cacher leur soumission, dissimuler la négation de leur *travail* pour continuer à travailler, par peur de la mort. Le monde réel devenant de plus en plus visiblement insupportable, ces crétins sont contraints d'en dire sans cesse du mal, mais seulement de façon parcellaire et en proposant des remèdes ridicules à des chagrins imbéciles (« Nous qui sommes bêtes et laids, couchons ensemble pour nous consoler de la mort de Kennedy », voilà le message type du « jeune cinéma »). Ou bien les plus téméraires de ces foudres de guerre vont jusqu'à s'attaquer à la forme, comme en 1920, mais moins. À tout prendre, s'il s'agit de répétition, on préférera la naïveté sentimentale et commerciale qui répète le cinéma classique, studieusement (Bogdanovich), ou bien de façon dégradée et humoristique (westerns italiens, films de karaté), ou encore en renchérissant sur les *moyens* – le luxe (Spielberg et autres).

19

Le seul cinéma qui se développe constamment (se meut et croît) est aussi celui à qui la télévision est indifférente – le seul qui se transporte indifféremment *dans* la télévision : le cinéma publicitaire. C'est aussi le seul cinéma dans lequel la tentative de communication, la tentative d'établissement d'un rapport entre des gens, est égale au zéro absolu. (Le cinéma publicitaire veut uniquement établir un rapport entre une personne et une marchandise. Tous les moyens lui sont bons, et d'abord les moyens du cinéma, c'est-à-dire que le film publicitaire est comme n'importe quel film un mouvement autonome d'idées qui se fait passer pour la représentation des rapports humains. Le film publicitaire est profondément marxiste : il ne cesse d'affirmer que la marchandise est un rapport entre les gens. La marchandise n'est pas un rapport, elle a des rapports, avec d'autres marchandises – notamment l'argent –, médiatisés par des gens. Le film publicitaire est la représentation totalement inversée de la réalité, mais la réalité aussi est la représentation totalement inversée de la réalité, le film publicitaire est donc la représentation exacte de la réalité, la représentation vraie de la réalité qui est fausse, le vrai Faux. Plus ses mensonges sont énormes, plus il est vrai ; c'est pourquoi, dans les salles et devant la télévision, au spectacle des meilleurs films publicitaires, le soupir de la créature opprimée se change parfois en une hilarité qui ressemble au soulagement.)

20

Il est futile de vouloir imaginer un cinéma de l'avenir, car cette forme a fait son temps. Parce qu'elle a fini de faire son temps, elle n'est déjà plus, présentement, que la répétition dégradée d'elle-même. Les films demeurent, et également la technique cinématographique, sous des formes d'ailleurs perfectionnées (vidéo, caméras miniaturisées). Le moment où le cinéma sera fait par tous n'intéresse pas immédiatement notre propos actuel. D'autre part le moment où le cinéma, qui contient les secrets de ce monde, peut être utilisé pour détruire ce monde et détruire le cinéma – ce moment ne peut être considéré ici que comme le parachèvement d'une critique du cinéma, que nous commençons seulement d'entreprendre.

21

Le point de départ de la connaissance doit seulement être ce qui est immédiatement connu. Ce qui est immédiatement connu du cinéma, c'est qu'il est simultanément l'extrême plénitude et l'extrême insuffisance, l'extrême égalité et l'extrême séparation. Tel est le mystère qu'il s'agit d'étudier.

22

La vérité ne peut être que le système de la vérité. La vérité sur le cinéma doit être le système du cinéma, et le cinéma comme système.

23

Comme l'individu vivant, comme les autres formes, le cinéma et l'idée du cinéma naissent et se développent. De même se développe l'Histoire du cinéma, de même se développe chaque époque de cette Histoire, de même se développe un cinéaste, de même un spectateur – de la simplicité de l'enfance (qui n'est pas simple) à la richesse complexe de la maturité (qui est simplicité aussi), et jusqu'au moment du retour sur soi et de la vieillesse qui ne se laisse pas rajeunir avec du gris sur du gris.

(Ces moments coexistent. À l'époque du *serial*, Griffith ou Stroheim élèvent déjà le cinéma à la connaissance de sa propre négation ; à l'époque du déclin achevé du cinéma, ses puérilités survivent chez plusieurs, comme *gâtisme immédiat.*)

24

Le cinéma dans son début (le cinéma des frères Lumière) se présente comme simple enregistrement de l'apparence, sans autre mystère que le mystère technique. Et le mystère technique a l'apparence de ne pas être du tout un mystère, mais seulement un système technique (optique, photographie, etc.). Sa seule originalité réside dans l'objectivité de l'apparence photographique et cinématographique, objectivité qui s'oppose à la subjectivité artistique, et qui est une objectivité pauvre. De même ce mystère technique est pauvre dans l'exacte mesure où il est technique. À ce titre, « le cinématographe est une invention sans avenir », un simple enregistrement pauvre de l'apparence, susceptible seulement de perfectionnements techniques sans mystère, et incapable de retenir longtemps une attention particulière, car incapable d'être une idée qui se meut.

25

Saisir le mouvement est saisir le temps. Les « flip-books » et le praxinoscope et diverses autres techniques préfigurent le cinéma comme saisie du mouvement c'est-à-dire du temps. Ils s'opposent au cinéma des frères Lumière dans la mesure où ils recréent le temps, un temps, tandis que le cinéma des frères Lumière enregistre seulement le temps objectif, le temps universel, spatialisé.

26

Le premier moment du cinéma de fiction est timide. Il ne se soucie pas de lui-même et de sa vertu propre (la manipulation du temps et de l'espace) et tâche seulement d'enregistrer (à la manière des frères Lumière) des images non plus prises sur le vif, mais recréées selon les règles de formes autres que le cinéma. Le cinéma de Méliès (et d'autres) enregistre l'*apparence fabriquée selon le théâtre* (ou le conte de fées, etc. – mais comme l'apparence du conte de fées, etc., peut être recréée au théâtre). S'il existe quelque chose comme *l'effet de cinéma pur*, et c'est bien ce que nous recherchons, nous devons dire que tombe provisoirement en dehors de lui toute représentation cinématographique qui se propose de simplement enregistrer une *représentation selon un autre système de représentation* (théâtre, peinture, opéra). Cependant il faut faire la différence entre le cinéma qui enregistre une représentation non cinématographique (théâtre filmé, tableau filmé), et d'autre part le cinéma qui imite une forme de représentation non cinématographique (par exemple l'imitation de la peinture dans *Barry Lyndon*) ; un tel cinéma n'est nullement l'enregistrement passif d'une représentation non cinématographique : son contenu (ou un de ses contenus) est plutôt le rapport entre le cinéma et cette autre forme.

27

Chez, par exemple, Méliès, la représentation cinématographique est représentation selon le théâtre à trucs en quelque mesure, mais déjà elle est représentation selon le cinéma en ce que beaucoup des trucs utilisés sont spécifiquement cinématographiques (la tête gonflable).

28

Mais, aussi cinématographiques sont les films de propagande de la Biograph (*McKinley chez lui* ; *Changement de drapeau à Porto Rico*), qui font semblant d'enregistrer seulement le réel, mais enregistrent un mensonge. « Celui qui contrôle l'industrie cinématographique d'un pays contrôle la pensée du peuple (*people*) », dit Edison. Il a raison, sauf que c'est principalement l'inverse qui est vrai et qui en soi revient au même.

29

Dans les premiers films de propagande s'exprime le rapport entre cinéaste et spectateur, mais sous une forme simplifiée : le fait que le film est une *idée* (un système d'idées) qu'ils ont en commun semble ici exister seulement sous la forme d'un *accord idéologique* (pas seulement idéologique) qui existerait entre eux. Le film est alors *l'idée du plus grand nombre*, à propos des Boches, de Lincoln ou de *L'Assassinat du duc de Guise*. Dans l'assassinat du duc de Guise comme dans les fausses actualités ou actualités reconstituées, le cinéma prétend encore se borner à enregistrer le réel (un réel reconstitué), mais nous voyons qu'il enregistre l'idée du réel (en l'occurrence, l'idée la plus vulgaire du réel). Ici se matérialise le célèbre « accord des consciences sur la représentation ». Et donc il faut dire, à propos aussi du cinéma des frères Lumière qui se bornait à enregistrer, que ce cinéma-là aussi est une idée, la plus abstraite. Mais il faut répéter (*cf.* point 24) qu'il n'est pas une idée qui se meut : le cinéma Lumière est pauvre dans la mesure où il est en accord avec lui-même, et non en contradiction. La pauvreté du cinéma pauvre est dans l'accord entre le cinéaste et le spectateur, dans l'accord de l'idée avec elle-même (« *simple entendre* », dit Herman Weinberg avec désolation). Sa richesse sera dans leur contradiction.

30

Le cinéma sous la forme où il s'est imposé triomphalement ne se présente pas comme enregistrement, mais comme fiction, comme création, œuvre. C'est vrai aussi du documentaire, les seuls documentaires qui satisfassent le public se présentant comme des œuvres de création, soit que le public soit sensible à leur idéologie affichée, soit qu'il apprécie l'exploit personnel (des explorateurs, etc.) mais aussi leur idée (l'idée qu'ils ont eu d'aller filmer telle et telle chose extraordinaire ; ou bien la facticité idéologique d'un Walt Disney ; ou bien les qualités « plasticiennes » de tel autre).

31

Le film sous la forme où il a triomphé se présente comme œuvre, et le cinéaste comme auteur (même s'il arrive que cet auteur soit collectif ; et même si le spectateur, se méprenant, peut croire par exemple que les acteurs inventent leur dialogue et sont les véritables auteurs – on parlera alors d'« un film d'Humphrey Bogart », ou autre).

32

Le cinéma commence avec la connaissance du fait qu'il est fiction. Auparavant, il n'est pas cinéma mais réalité pour le spectateur qui craint d'être écrasé par le train filmé, ou qui prend le deuil du personnage tué. Et, pour le cinéaste, auparavant il est une invention sans avenir. L'introduction d'un maximum de réalisme ne pourra plus jamais cacher que le cinéma est fiction. Par exemple les pénétrations réelles du cinéma pornographique dit *hard core* ne peuvent dissimuler que le comportement des personnages (par exemple la lubricité des femmes) est fictif, fantasmatique.

33

Aussitôt que cette connaissance est acquise, le cinéma existe comme cinéma, existe en soi comme idée de la relation entre cinéaste et spectateur, comme idée que le cinéaste et le spectateur ont en commun.

Par exemple : la relation entre un gamin et Bruce Lee (ou Randolph Scott) existe aussitôt (le gamin suppose ici que Bruce Lee – ou Randolph Scott – est le cinéaste, ce qui est assurément un moment de la vérité).

34

Le cinéma sous la forme où il a triomphé se présente à la fois comme une fiction qui veut faire savoir qu'elle est fiction, et une fiction qui veut faire oublier qu'elle est fiction. Le grand film classique, du moins au moment de sa première exploitation commerciale, est à la fois une œuvre – c'est-à-dire une fiction donnée comme fiction – et une pseudo-réalité, c'est-à-dire qu'il « absorbe » le spectateur, que le spectateur « marche » et oublie qu'il s'agit d'une fiction pendant une partie du temps de projection, pour se le rappeler ensuite. Cette *double appartenance* du grand film classique se subdivise elle-même : le *double entendre* de Weinberg est pour le spectateur, pendant la projection, connaissance du fait que la fiction qui l'absorbe est fiction, œuvre ; et d'autre part, au sein de cette connaissance pleinement acquise après la fin de la projection, l'*émotion* demeure indéfiniment dans le souvenir.

Le navet et aussi bien le film décadent se caractérisent par l'absence de cette double appartenance. Le navet absolu est le film sans aucune idée qui, croyant être une fiction sans idée, mais ne possédant pas l'idée de fiction, se présente comme pur artifice insensé et inintéressant, une tranche d'artifice au lieu d'une tranche de vie – et ceci dans le moment même où il a voulu être une pure tranche de vie sans artifices intellectuels. (Ainsi de certains pornos.) D'autre part le film décadent veut filmer seulement les idées, ne jamais laisser oublier l'idée au spectateur, c'est-à-dire ne jamais lui laisser oublier la réalité, ne jamais le laisser s'abandonner à la fiction. (Ici le cas limite sera représenté aussi bien par Michael Snow – qui veut faire savoir sans arrêt, par ses manipulations, ce dont il suppose que c'est la vraie réalité du film : son existence comme ruban de celluloïd –, et par Debord, pour qui un film « aurait pu être mémoires, essai, il aurait pu être le film que je suis en train de faire » [*In girum*], *i. e.* un commentaire critique sur des images aussi pauvres que possible en émotion, mais riches de sens dans cette mesure.)

Toute la production moderne tend explicitement vers ces deux extrêmes, se décompose explicitement en divertissements et films intellectuels. (Que le divertissement soit plus ou moins divertissant – différence entre *Star Wars* et *Le Gendarme et les Extraterrestres* – et que les idées soient plus ou moins justes – différence entre Debord et Godard – est une autre question.)

35

Dans un monde où la réalité est séparée d'elle-même, le cinéma donne à voir une pseudo-réalité réconciliée. Cependant le grand cinéma classique donne à voir la séparation, et même, dans la réconciliation il donne encore la séparation à voir, et que cette réconciliation est seulement la réunion du séparé en tant que séparé. (Exemples : *Haute Pègre* et la plupart des films de Lubitsch ; *L'Ombre d'un doute* et la plupart des films de Hitchcock ; *Fury*, etc. ; *The Searchers*, etc.) Même dans la happy end effective (façon *Searchers* et non façon *Marnie*), la part du négatif demeure, ne serait-ce que dans la connaissance du fait que cette happy end est la fin du film : après elle, il n'arrivera rien du tout, ou bien, comme on dit, ce serait un autre film, c'est-à-dire qu'après la happy end, ou bien il n'y a plus de vie du tout, ou bien la réunion du séparé cesse et l'unité calme et heureuse se divise à nouveau.

Ce qui doit être critiqué dans le grand cinéma classique n'est donc pas la happy end, mais le film lui-même : la représentation d'une aventure se substituant à l'aventure pour le spectateur, le spectacle d'une pseudo-vie se substituant à la vie. Mais une telle critique concerne la totalité de l'Art et de la culture, le cinéma n'en est pas justiciable spécialement. La critique du cinéma, qui doit être faite à partir du cinéma lui-même et non d'idées extérieures (marxisme, psychanalyse – *cf.* point 2), et qui doit devenir critique de la totalité, ne devient spécifique qu'en devenant historique, comme toute critique.

36

Dans les premiers films de propagande ou qui se donnent pour le pur enregistrement de la réalité des apparences, le cinéma croit se fonder sur le simple accord des consciences sur la représentation (*cf.* point 29). Il ne comprend pas le négatif.

Ce moment domine le cinéma d'avant la Première Guerre mondiale, et aboutit rapidement à une *crise du sujet*, le public se détournant du stéréotype répétitif des « films-poursuites », et beaucoup de cinéastes se tournent en vain vers l'« enregistrement » de sujets empruntés à la littérature théâtrale et romanesque. C'est la guerre et la poussée révolutionnaire qui vont contraindre le cinéma dans son ensemble à faire la part du négatif.

37

La Guerre mondiale est la manière brutale et primitive dont le Capital manifeste pour la première fois qu'il a étendu sa domination réelle, et non plus seulement formelle, à la vie quotidienne des gens. Symétriquement l'activité dadaïste, qui veut révolutionner aussi la vie quotidienne, est la première saisie – très minoritaire, et limitée – de ce fait, et sa négation. Sur le terrain du cinéma, l'activité anti-artistique des dadaïstes est une négation seulement du cinéma considéré comme un art. Les quelques autres avant-gardes véritables qui travaillèrent à nier le cinéma commettront toutes la même erreur jusqu'à un certain point, et ne mèneront réellement à bien que la négation du cinéma en tant qu'art. Elles tiendront pour purement *négligeable* tout ce que le cinéma est d'autre (Michèle Bernstein taxant en passant Hitchcock de « crétinisme ordinaire », ou Debord notant que le cinéma « aurait pu être le film que je suis en train de faire » comme si cette perspective avait quoi que ce soit d'alléchant).

38

Mais le grand cinéma classique qui va s'établir à partir de la Guerre mondiale, et qui devra donc faire la part du négatif, est un cinéma de la restauration et non de la révolution ; et il est un phénomène culturel et non artistique.

39

Le grand cinéma classique domine en même temps que domine la contre-révolution, 1920-1960. Il exprime le développement du Capital pendant cette période, l'extension de sa domination réelle, et il en fait partie. En même temps il en exprime les contradictions et en fait partie. En tant qu'il est culture, il est un mode de résolution illusoire de masse de ces contradictions, mais du même pas il doit être un mode d'approfondissement réel de ces contradictions, non pas seulement à la manière de la marchandise purement matérielle, comme l'automobile ou la nourriture (qui déjà est pleine de subtilités métaphysiques – et déjà se nie en se développant), mais aussi à la manière d'une marchandise dont l'Idée est l'élément, et qui doit donc être, et de plus en plus, *consciemment une illusion*.

40

Dans la nouvelle époque où nous sommes entrés dans les années 60, la séparation achevée entre films intellectuels et films de divertissement manifeste justement que le système de domination ne pouvait plus maintenir dans les mêmes films *à la fois* l'Idée et l'illusion d'unité, à la fois le positif et le mauvais côté ; et se trouve contraint de représenter séparément, dans des films séparés, la pseudo-critique et la pseudo-positivité.

41

Dans les grands films classiques de la *première période classique* du cinéma, *i.e.* la période muette, le négatif est déjà bien connu, mais déjà il doit faire place, à la fin de l'œuvre, à la représentation d'une pseudo-unité heureuse. Le succès du cinéaste et la poursuite de sa carrière sont fonction de sa capacité à aboutir à cette conclusion, symétriquement sa grandeur en est fonction inverse.

Donnons quelques exemples.

42

Chez Stroheim, le mauvais côté constitue évidemment le sujet. Il croit pouvoir l'imposer au prix de quelques concessions inessentielles (cadre européen de la plupart de ses films, *happy endings*, déguisement du négatif historique en « passions mauvaises »), mais il est vivement brisé, renvoyé, et ses films mutilés.

43

Toute l'œuvre de King Vidor est une apologie du capitalisme et de ses valeurs, à commencer par l'esprit d'entreprise. Elle en est aussi la critique, c'est ce qui fait sa grandeur. Il est symptomatique et rationnel que *The Crowd* comporte deux fins interchangeables. Tableau de la misère et de l'aliénation modernes, *The Crowd*, qui devrait logiquement se conclure par la destruction du héros, est pourvu par Vidor, avec une ironie hégélienne, d'une *happy end démontable* lui permettant de paraître sur le marché. *The Big Parade* propose une autre solution au problème, en rejetant la happy end en dehors du secteur de domination réelle du Capital, précisément dans l'agriculture (comme fera plus tard *Our Daily Bread)*, et plus précisément dans l'agriculture d'un pays sous-développé (la France vue d'Amérique), mais cependant le négatif est conservé dans cette fin puisque le héros qui en jouit a cependant été rendu infirme par la guerre.

44

C'est en Allemagne, lieu des affrontements les plus *décisifs* entre le Capital et son mauvais côté (le prolétariat), non seulement que naissent les émigrants qui apporteront au cinéma américain la contribution la plus riche (Stroheim, Sternberg, etc.), mais aussi que se développe le plus brillamment, sous le régime de Weimar, un cinéma du négatif qui est cependant cinéma non de la révolution, mais de la restauration, notamment chez Murnau et Lang.

45

Justement Murnau, se pliant entièrement au schéma que nous avons énoncé, réalise avec *Nosferatu* un des *films sur le mal* les plus saisissants de l'Histoire ; mais de même que Stroheim déguise le négatif en passions mauvaises, Murnau le déguise en malédiction biologique ; et, à titre de *happy ending*, il montre le triomphe de l'amour bourgeois (mariage monogamique) sur un tel Mal. Ensuite il consacre l'essentiel de son œuvre au triomphe de la campagne sur la ville, opposant à la corruption moderne les bienfaits de l'association domestique et agricole, et surtout de l'amour domestique et agricole, et à l'éloge du campagnard courageux qui trouve son accomplissement dans la symbiose agressive avec la Nature.

46

La supériorité de Lang sur Murnau tient aussi à ceci que le caractère *historique* du négatif est affirmé absolument, quoique d'une manière mystifiée, dès les *Niebelungen*, et d'autre part que ce mal historique qui constitue Mabuse – comme une malédiction biologique constituait Nosferatu – est immédiatement montré comme mal social dans un cadre historique précis. Ce sont bien les rapports sociaux et l'économie politique qui sont désignés comme les conditions d'existence de Mabuse. C'est dans cette mesure seulement que Lang et d'autres « annoncent le nazisme ». Les bavardages de Kracauer et autres sur ce point et d'autres points de *l'idéologie allemande* sont seulement des bavardages en ce qu'ils essaient d'établir des rapports seulement dans l'idéologie. Tous commettent la même erreur que commettra Goebbels, croyant que la connaissance que Lang avait du mouvement du monde ne s'accompagnait d'« aucune indication sur l'attitude pratique à adopter ».

47

C'est finalement chez Eisenstein que se manifeste de la façon la plus aiguë la *répression du négatif*. Le célèbre formaliste, en effet, à la différence de Lang, a accepté de travailler pour un État qui a fondé sa cause sur cette répression et sur l'utilisation positive de cette énergie. Ainsi, de tous les grands cinéastes de cette période, Eisenstein est le seul qui, à partir d'une saisie du mauvais côté, aboutisse à une adhésion enthousiaste au positif, à l'ordre stalino-bolchévique et à l'accumulation du capital, vers quoi il *rabat* toutes les manifestations négatives que sa mise en scène saisit pour les esthétiser. Il n'est donc pas étonnant que le cinéaste bureaucrate, ne voulant voir que *le positif partout*, fasse porter sa critique presque exclusivement sur la nourriture (la viande de *Potemkine*, mais aussi le bétail, les produits laitiers et les céréales de *La Ligne générale*), et d'autre part sur le mensonge (les curés omniprésents à quoi s'opposent les bolcheviks qui disent vrai).

48

La *star* ne contient pas immédiatement le négatif en elle-même, elle est bien plutôt une pseudo-humanité qui existe uniquement dans la mesure où elle détruit le négatif pour instaurer une apparence d'unité calme et heureuse dans sa vie. Elle n'existe cependant que par le négatif, dans ses rôles à l'écran (femme fatale, etc.) et à la ville (dilection du public pour le scandale et le malheur des stars), et il n'est pas indifférent que la star la plus légendaire de l'histoire du cinéma paraisse, perpétuellement, dans toutes ses attitudes et tous ses mouvements, sur le point de perdre l'équilibre et de tomber par terre. Garbo incluait ainsi le négatif au centre de *l'apparence en mouvement* qui, bien plus que l'intrigue pleine de malheurs ou les sentiments du dialogue, constituent l'essence de l'acteur de cinéma.

50

La moralisation du cinéma américain par le code Hays, réellement effectif en 1934, mais rédigé dès 1929, est un des aspects de la moralisation générale du cinéma mondial, elle-même un aspect de l'intervention mondiale de l'État pour résoudre la crise du Capital, après la défaite de la révolution communiste dans les années 1920. À l'image de ce qui va se passer dans tous les aspects de la vie moderne, le Capital entreprend de réglementer l'apparition du négatif au cinéma, en même temps qu'il a entrepris de dominer effectivement le négatif dans la réalité.

51

La réalité est l'unité de ce qui existe et de l'apparence de ce qui existe. La domination de la réalité ne peut être simplement le résultat d'une victoire militaire ou d'une politique économique, elle doit dominer à la fois ce qui existe et l'apparence de ce qui existe. Cependant, par haine de la dialectique, les maîtres du monde ne voient pas que leur domination est elle-même une apparence que le mouvement réel rendra fausse. Ils le verront seulement quand elle recommencera de leur échapper.

52

À la fin des années 20, l'épuration du cinéma est en voie d'achèvement. La plupart des industries cinématographiques nationales produisent non seulement « pour le système » (*i.e.* un éloge du Capital et du travail), mais directement pour la nation, son histoire et son régime. Le cinéma est devenu directement stalinien, fasciste, nazi, selon les régions du monde. Les formes cinématographiques coexistent là où les formes politiques se disputent le terrain (ainsi coexisteront en France des films patriotiques et le « cinéma du Front populaire »), mais surtout aux États-Unis : la plus grande puissance mondiale est aussi celle qui tolère le mieux les contradictions, c'est pourquoi son cinéma est le meilleur.

53

Le cinéma doit représenter le négatif d'une manière qui fait croire que le monde peut aisément retrouver une unité calme et heureuse. Plus le cinéma est négatif, meilleur il est ; mais s'il cessait de démontrer que l'unité calme et heureuse est accessible par des moyens non dialectiques, il cesserait d'exister. C'est sa misère propre.

54

Mais si le cinéma cesse d'inclure le négatif, il devient nul. La poésie cinématographique, comme toute la poésie, ne peut fonctionner que sur le *double entendre*, au minimum grâce à ce que les cinéphiles appellent inadéquatement des « symboles » (les « symboles phalliques », etc.), présents dans l'image et la démentant pour en constituer le sens réel en supprimant le sens apparent.

55

Ainsi le cinéma qui semble le plus limité au positif, à l'apologie du Capital – celui de Cecil B. DeMille en particulier – vaut dans la mesure où il est immédiatement baroque. DeMille ne peut soutenir son propos que par une profusion d'images qui suppriment son propos apparent (*Madame Satan*).

56

Si ce sont les images qui suppriment le propos apparent (et c'est bien ce qui se passe au cinéma), alors il faut dire que l'apparence de ce qui existe supprime ce qui existe et non l'inverse. Les spectateurs de cinéma sont las longtemps avant de savoir qu'ils le sont ; mais, comme les léninphilosophes, après avoir mis dans l'apparence toute la richesse du monde, ils nient l'objectivité de l'apparence.

57

Les films décadents, voulant dire la vérité sur des détails pour mentir sur le tout, mentent donc sur le tout et conséquemment sur les détails. DeMille, qui ne cesse de mentir sur les détails, dit la vérité sur le tout : le vice est plus séduisant que la vertu.

Première chronique

Je tiendrai ici, jusqu'à nouvel ordre, une chronique consacrée principalement au cinéma. Ça tombe assez mal parce que j'ai de l'aversion pour ce que le cinéma est devenu. Naguère, le cinéma était fait par les riches, pour les pauvres. À présent il est toujours fait par les riches, mais comme les pauvres restent devant leur télé, le cinéma est fait pour les cadres. De plus, les riches ont perdu de leur belle assurance. Hollywood, c'était le cinéma du capitalisme triomphant (Dovjenko aussi, d'ailleurs). Les riches étaient contents d'eux-mêmes et leur cinéma était brillant. À présent ils sont mécontents d'eux-mêmes et ils ont peur. Ou bien ils font exécuter par des tâcherons des films absolument dépourvus de sens, ou bien ils engagent des intellectuels de gauche pour vendre aux cadres ce message qui leur plaît : « Nous avons bien mal au cul, interrogeons-nous sur les causes de cette douleur. » Les réponses à cette interrogation sont variables – la mort de Kennedy ; le Viêt-nam ; être une femme ; être un homme ; être un nègre ; habiter Lausanne. Comme grondait Jouvet dans *La Charrette fantôme*, quelle pitié ! quelle pitié ! Mais nous n'en aurons pas.

Enfin la reprise !

Août est heureusement le mois des reprises. Louons bien fort, ne serait-ce que pour embêter les provinciaux et les estivants, toutes les salles parisiennes qui font en août des festivals de vieux films parfois goutteux mais souvent goûteux. Louons la Clef, les divers Studios Action, etc. Louons doublement l'Olympic, quoique les conditions de projection et, dans la petite salle, d'aération y soient souvent révoltantes. Louons-le doublement car, non content de projeter un film américain par jour jusque vers la fin septembre, cet établissement nous offre depuis plusieurs semaines (je crains que ça ne disparaisse d'un instant à l'autre) *Now Voyager*.

Un paradis perdu : la pauvreté

Now Voyager est typiquement un film comme on savait alors en faire pour les pauvres, qui s'y sont d'ailleurs rués en masse, sans cesser de s'entretuer dans les cinq parties du monde avec presque autant d'enthousiasme. *Now Voyager*, réalisé par le dénommé Irving Rapper (un spécialiste de Bette Davis) d'après un roman de Mme Olive Higgins Prouty (loué soit son nom !), sur une musique de Max Steiner (le compositeur le plus extraordinairement bruyant de l'histoire du cinéma), est un supermélo lacrymogène de luxe. Les jeunes intellectuels français ne manquent pas de voir ça « au second degré ». J'en ai même entendu un qui moquait sa compagne à la sortie sous le prétexte qu'elle avait pleuré ; et la sotte fille se défendait en niant le fait. Quelle misère ! (Personnellement je n'ai pas réussi à pleurer, à cause du défaut d'aération dont je parlais plus haut, mais j'ai eu la gorge vachement serrée. Qu'est-ce que c'est bon !) Les jeunes intellectuels ne manqueront pas de signaler que ce film est plein d'opium du peuple, ça se passe chez les riches, l'héroïne déclare obstinément qu'elle voudrait beaucoup avoir un homme à elle et un enfant à elle, et en plus elle finit par y renoncer, donc c'est un film qui fait l'éloge du renoncement. Etc.

Mon œil ! S'il est vrai que les grands mélos sont tristement basés sur le renoncement (cf. *La Dame aux camélias*, d'ailleurs explicitement citée dans *Now Voyager*), ils sont encore bien plus basés sur la transgression. Hollywood a passé le plus clair de son temps à vendre aux pauvres des images de crime et de débauche. Et quand Hollywood vendait aux pauvres les images de renoncement final, celles-ci ne valaient que par la grandeur du rêve à quoi il fallait finalement renoncer. Hollywood fourguait aux gens leur propre deuil d'eux-mêmes. C'est assez dégueulasse, comme procédé. Mais ça obligeait Hollywood à dire toujours mieux, d'une manière de plus en plus passionnante, *à quoi* les pauvres devaient renoncer. Il ne faudra pas s'étonner si le programme minimum de la prochaine révolution inclut la réalisation terrestre du cinéma hollywoodien (et des autres arts).

It can't be wrong

Mais pour trouver du renoncement dans *Now Voyager*, il faut se lever de bonne heure, ou bien écouter le dialogue sans voir le film. Parce qu'enfin, voici ce qu'on voit : enlaidie et terrorisée par une mère tyrannique, Bette Davis se libère de ses inhibitions grâce au bon docteur Claude Rains, part en bordée en Amérique du Sud, s'envoie en l'air avec un père de famille (l'élégant Paul Henreid), revient pour refuser d'épouser un abruti et dire son fait à sa mère, laquelle crève du coup d'un infarctus et laisse à sa fille un tas d'argent. Désormais, les jours de semaine, l'héroïne inculquera ses sains principes à des mômes caractériels, et les week-ends elle s'enverra en l'air avec le père de famille. Armée d'un vers de Whitman (« À présent, voyageur, fais voile, et cherche, et trouve »), voilà une jeune femme qui établit son indépendance en refusant *en fait* toutes les valeurs familialistes dont le dialogue fait l'éloge. Ce qu'il y a ici de « renoncement » est contenu dans la dernière réplique : « Pourquoi demander la lune ; nous avons les étoiles. » En effet. Mais tout de même, tout de même…

La caméra d'Irving Rapper (que nul n'a jamais songé à considérer comme un « auteur ») filme exactement son sujet : l'accession de Bette Davis à l'indépendance au milieu de gens qui ne touchent pas leur bille. La caméra nous montre sans cesse que Bette Davis fait des choses au milieu de gens qui ne comprennent pas et ne voient pas ce qu'elle est en train de faire. Au diable les « auteurs », gloire aux metteurs en scène. Celui-ci n'est pas manchot.

Il resterait à voir quelle est la fonction de la *déconcertante facilité* avec laquelle, malgré les obstacles mélodramatiques, de tels films nouent et dénouent leurs intrigues bienheureuses. Mais nous l'avons déjà dit : les rêves des pauvres doivent fonctionner comme un rêve, parce qu'ils doivent rester des rêves.

L'arme des trusts

Au même moment, le trust Gaumont, ayant vaguement compris que les reprises ont du bon, nous offre une série d'inepties récentes, et notamment une reprise de *Star Wars*. Pour la première fois dans l'histoire du cinéma, un film est volontairement et scientifiquement planifié pour qu'il n'y ait dedans ni sexe, ni violence, ni sentiments d'aucune sorte. C'est une date. L'ennemi a maintenant peur même de nos rêves. Il n'ose plus nous vendre qu'un sommeil de plomb. Et vous voudriez que je parle de films nouveaux ? Allons, tout de même, la prochaine fois, c'est promis, j'essaierai.

Charlie hebdo n° 456
(9 août 1979).

Louise Brooks

Il y a des moments où je pense que le titre de cette chronique, qui vient d'un très vieux Lubitsch allemand que je n'ai même jamais vu, n'est pas assez auto-ironique. Il y a des jours où le cinéma me fait piquer de telles rages, si passionnées mais si désordonnées, je me dis qu'elle devrait plutôt s'appeler « L'aveugle au pistolet » ou quelque chose de ce genre. Comment éviter les hargnes qui usent le cœur ? En faisant des détours.

Détours

Après qu'on a lu les textes de Louise Brooks, on la regarde autrement. D'un ami qui s'est trouvé à sa table voici quelques années, j'apprends qu'elle cuisine divinement. Cela aussi va changer un peu ma façon de voir *Lulu* ou *A Girl in Every Port* (et de même tels autres détails sur la façon aimable et sérieuse dont Louise Brooks menait ce soir-là la conversation avec ses convives).

Mis à part le fait que Louise Brooks est une star hors du commun des stars, d'où vient le plaisir donné par de telles informations – ou bien, dans le cinéphilisme, par des informations plus « sérieuses » ? Du hiatus, je crois, entre l'apparence et l'existence. Plus long on en sait sur les existences qui (du metteur en scène au scénariste, à l'opérateur, aux interprètes, etc., sans oublier le format ni les objectifs, etc.) font le film, plus le hiatus est grand entre ces existences et l'apparence qu'est le film ; et plus intense est l'émerveillement quand le film vous fait oublier ces connaissances. Le cinéphilisme est une défense contre l'émotion, mais cette défense jouit d'être balayée. (Quand j'étais plus jeune, j'étais déjà très prétentieux quoique d'une manière plus naïve, et si pendant la projection l'image devenait sombre, au lieu de siffler je criais « Les arcs ! », voulant faire voir que j'en savais plus long qu'un autre sur le fonctionnement du projecteur. Et à présent je ne crie plus quand un beau film s'assombrit ou se décadre, parce qu'il se trouvera toujours un jeune cinéphile pour crier, et parce que, moi, je ne veux pas du tout me réveiller, revenir à – l'existence du projecteur, celle du projectionniste, la mienne, etc. –, je veux rester dans l'apparence et ne pas en perdre une miette. Et j'ai beaucoup d'informations sur, par exemple, *L'Aventure de Mme Muir*, mais ce que je sais de plus important sur ce film, c'est qu'à la fin toujours je vais pleurer.)

Autres détours

Ce qu'il y a d'intéressant et d'irritant dans *La luna* de Bertolucci, c'est que ça traite de questions universelles ou presque, la prohibition de l'inceste, la fameuse « scène primitive » de la psychanalyse, etc., mais ça en traite d'une façon particulière et non universelle. Concrètement : ça bouleversera certains spectateurs et pas d'autres, ça bouleverse à certains moments mais pas tout le temps. C'est probablement que Bertolucci n'a pas encore digéré complètement sa propre particularité. Et, chose tout à fait piquante, ça manque à être universel justement dans les moments où Bertolucci, pour compléter son cadre, y fait entrer des clichés. Les clichés devraient pourtant être ce qu'il y a de plus universel. Mais pas du tout. Au contraire. Bien entendu.

L'art industriel tel que Hollywood le pratiquait avait ceci de bon aussi qu'on commençait par une universalité, celle du commerce. Quand un jeune homme (disons Jack Ford) débute là-bas, il ne viendrait à personne l'idée que le but de son travail est d'exprimer ses problèmes et sa pensée. Le but de son travail, ce sont des images de chevauchées et de morts violentes qui plaisent à la masse publique. Quand Ford et les autres ont mûri, ils continuent de montrer des chevauchées et des morts violentes, et d'autres choses pittoresques qui plaisent aussi. Leur particularité vient de surcroît. Quand Ford fait un film comme par exemple *L'Homme tranquille*, il peut ouvrir son cœur au sujet de l'Irlande, du mariage, de la violence, de l'amour et de bien d'autres choses parce qu'il sait parfaitement bien mettre à son film un pivot (la gigantesque bagarre, en l'occurrence), et mettre à chaque scène un pivot. C'est ainsi qu'il peut aussi faire dire une réplique comme : « Si les gens du Sinn Fein étaient de la fête, il ne resterait de cette chaumière qu'un tas de ruines. » Pour quiconque ignore, comme moi la première fois où j'ai vu

L'Homme tranquille, tout de l'Irlande et notamment du Sinn Fein, cette réplique et le personnage qui la dit sont incompréhensibles ; mais c'est sans importance, car le film comme totalité est immédiatement et aisément compréhensible, jouissif universellement. Ça, c'est ce que Ford apprit à faire d'abord.

Les cinéastes modernes sont très mal barrés au départ, au contraire, car le marché de maintenant leur propose d'exprimer tout de suite leur particularité, et même exige ça d'eux (la multiplication des salles d'exclusivité minuscules remplaçant les salles de quartier spacieuses est la même chose concrétisée en béton). Le marché avait recouvert les gens en gros, à présent il les recouvre en gros et en détail. La télé et *Star Wars* d'un côté, de l'autre de gros paquets de capital donnés à des gens qui n'ont pas fait vingt films ni même dix, pour qu'ils racontent presque librement ce qu'ils ont sur le cœur.

Remarquez que s'ils arrivent à le raconter vraiment, on les fait disparaître. Mais remarquez que la plupart de ceux qui disparaissent, c'est pour d'autres raisons (tous les papillons ne sont pas Socrate), et c'est bien fait. De toute façon c'est bien fait. Et un bienfait n'est jamais perdu.

Charlie hebdo n° 466
(17 octobre 1979).

Roman Polanski

Womanpower

Tous les longs métrages de Roman Polanski, sans exception, traitent de l'encerclement, ou de l'enfermement si l'on préfère. On pourra tirer de là les interprétations « thématiques » que l'on veut, mais j'aime mieux signaler que, dans son interview très intéressante diffusée l'autre dimanche par FR3, Polanski disait son peu de goût pour le grand spectacle extérieur, le film de batailles à figurants nombreux, et disait au contraire sa dilection pour *Citizen Kane* en particulier, et aussi pour la toile de Jan Van Eyck *Arnolfini et sa femme*, signifiant ainsi, avec beaucoup de clarté et de conscience de son propre travail, sa passion pour *le grand spectacle intérieur*.

Le cercle de Polanski grandissait déjà dans *Chinatown* ; il s'étend dans *Tess* à la province anglaise du XIXe siècle, où les conditions sociales (misère, et toute-puissance des mâles) encerclent l'héroïne. Polanski est un féministe, quoique son féminisme ne soit pas dénué de brutalité (le scénario d'*Aimez-vous les femmes ?*, où l'on mangeait les femelles, est de lui). Il est féministe en ce que ses héroïnes successives, après avoir subi, comme on dit, d'odieuses violences (et effectivement il y a viol, bien réel dans *Rosemary's Baby*, *Le Bal des vampires* ou *Chinatown*, fantasmatique dans *Répulsion*, comiquement « symbolisé » dans *What ?* où Sydne Rome se fait piquer alternativement le haut et le bas de ses vêtements) – ses héroïnes, disais-je, deviennent actives et dynamiques, bien plus que les mecs. Comme le monde est mauvais (que ceux qui ne sont pas d'accord nous écrivent, ils ont gagné), cette activité et ce dynamisme auront tendance à s'exprimer dans le crime. La miséreuse et naïve Tess, violée et engrossée par l'un, rejetée par l'autre et sa morale victorienne et sa connerie de mec puritain, passe par le meurtre pour quitter ses habits clairs ou ternes, et endosser la robe rouge sang, et faire l'amour dans le château.

Cependant, un meurtre n'ayant pas changé le monde, qui reste mauvais, l'encerclement demeure, et les amants fugitifs, après avoir gagné littéralement (dans l'espace et dans le temps) le « bout du monde » – c'est-à-dire le cercle de pierres de Stonehenge –, y seront entourés enfin par un cercle de gendarmes, qui les emmènent.

Les lecteurs de Thomas Hardy seront interloqués un moment de voir que la *Tess d'Urberville* de Hardy, effondrement du mythe dickensien de la campagne heureuse, convulsion mystique pleine de bêtes humaines, se change chez Polanski en œuvre romantique (ou pseudo-romantique). Mais au diable la littérature, il s'agit de cinéma ! Hardy, je crois, n'intéresse Polanski que comme scénariste et non comme romancier. *Tess* comme film (et *Tess* n'est pas autre chose, et c'est sensé !) se réfère au cinéma et non à la littérature, ou à la photo, ou à la peinture.

(Les zozos qui trouveront « superbe » l'image de *Tess* déraisonnent, et déraisonnent plus encore en plaçant *Tess* quelque part entre *Barry Lyndon* et *Les Moissons du ciel*, alors que le sujet n'est ni la référence picturale, ni la référence [?] photographique ; alors que les images de *Tess* ne peuvent évoquer picturalement que le Millet de *L'Angélus*, voire le Jules Breton de *La Bénédiction des blés* ou Rosa Bonheur, et occasionnellement le préraphaélisme le plus indigeste ; alors enfin que la référence, je répète, est cinématographique, et je vais m'en expliquer dès que j'aurai fermé cette damnée parenthèse.) Voilà qui est fait.

En se référant dans son interview à *Citizen Kane* (et dans ses films à dix autres choses, qu'il « pique » pour les utiliser sans se soucier outre mesure de leur sens initial – ainsi les bras sortant du mur pour palper Deneuve dans *Répulsion* venaient de Cocteau qui les avait sûrement piqués lui-même ailleurs), Polanski manifeste qu'il est moderne et le sait. Le cinéma est formellement épuisé. Le grand cinéaste moderne est seulement celui qui, à la suite de l'admirable Orson Welles, refait le tour des formes, cinéphiliquement, sans ignorer le vide amer et ironique qui préside à cette circulaire trajectoire-ci. La photo « démagogique » de *Tess* (par exemple) n'est rien d'autre qu'une revisitation de la photo ni plus ni moins démagogique des grands films romantiques hollywoodiens (façon *Les Hauts de Hurlevent*). Tout *Tess* est une revisitation cinéphilique. Polanski connaît le vide d'une telle entreprise, mais il connaît aussi le plaisir de tourner, « *for the hell of it* ». Nous connaissons de même le vide moderne du spectacle cinématographique (ou du roman policier, par exemple, et pour préciser ce dont je parle, et à quel titre). De même que Polanski a joui assurément de mobiliser tant de moyens techniques et pécuniaires, de « lancer » une actrice (la petite Kinski est certes très attrayante), bref de « jouer à Hollywood » tout en disant son mot, de même nous jouissons de sa jouissance intelligente et, autant qu'un film peut l'être au jour d'aujourd'hui, *Tess* est beau.

Charlie hebdo n° 469
(7 novembre 1979).

Fritz Lang

Die Moorsoldaten

Le Testament du docteur Mabuse, qui inaugure la nouvelle salle Olympic Saint-Germain, et dont il faut espérer qu'il va un peu circuler à travers notre chère *Heimat*, n'est jamais passé en France en v.o., sauf à la télé il y a quelque temps. Tourné en 32-33, il clôt la première carrière de Fritz Lang. Les nazis, qui viennent d'être démocratiquement élus au pouvoir, interdisent le film comme « troublant l'ordre et la sécurité publics ». Dans le même moment Goebbels propose à Lang de diriger le cinéma nazi, et le cinéaste prend aussitôt le train pour Paris (où il tournera *Liliom* avant d'aller entamer une carrière américaine). Goebbels, comme tous les hommes d'État, était intelligent sauf sur un point, qui fait la grandeur de l'homme, et qu'ils ne voient pas, de sorte qu'ils sont tous cons comme Goebbels.

Dix ans après le double *Mabuse* muet, le *Testament* est plus noir, s'il se peut. Dans l'Allemagne affolée de 1922, le génie du mal pouvait encore être neutralisé. En 1932, c'est le directeur de l'asile d'aliénés qui devient lui-même fou, et exécute les desseins d'une volonté malade. Le gros Lohmann, policier qui était venu à bout du psychopathe de *M le Maudit*, échouera cette fois à empêcher l'explosion qui ravage enfin l'usine chimique. « J'interdis ce film, dit Goebbels, parce qu'il prouve qu'un petit groupe décidé à tout peut renverser n'importe quel gouvernement par la force brutale. »

On notera l'intelligente utilisation du son, dans ce film du début du parlant, où un gramophone confère au criminel l'ubiquité. On notera à l'inverse les séquelles de l'expressionnisme muet, dans les apparitions surtout de Mabuse en surimpression. On éprouvera à nouveau la grandeur de Lang, sûrement un des génies du cinéma, peut-être le plus grand, qui, se sachant observateur de l'histoire, mais metteur en scène de son film, se connaît donc comme organisateur du destin, projectionniste de l'Esprit, messager de la mort. Écrivant cela, je l'entends rire dans l'ombre : « Nous ne sommes que des hommes, non des dieux. »

Charlie hebdo n° 477
(2 janvier 1980)

Le Tigre du Bengale
et *Le Tombeau hindou*

Le Tigre du Bengale et *Le Tombeau hindou* ressortent. Penser à se rincer les yeux chaque fois qu'on va les revoir. Non seulement on n'y trouve pas la ration de pseudo-naturel à quoi nous habitue le cinéma moderniste, mais on n'y trouve pas non plus la convention hollywoodienne. Pas de conventions dans ce film double. Ou bien c'est le contraire : il est plein de conventions mais elles sont données pour telles, ce sont des *signes conventionnels* comme les panneaux de signalisation routière ou les idéogrammes.

Considérez par exemple la fameuse danse de Debra Paget avec le cobra : le cobra n'est pas plus cobra que Debra n'est d'Inde ; la demoiselle est américaine et le serpent en plastique ou en caoutchouc armé. Et personne ne semble faire d'effort pour nous faire croire autre chose. Le but de Fritz Lang n'était pas le trompe-l'œil. Il n'y a pas de grand cinéaste qui n'ait travaillé *contre* le trompe-l'œil. Lang travaillait contre le trompe-l'œil même quand, génie modeste et bon ouvrier, il se pliait volontiers à la convention psychologique hollywoodienne, et faisait des films de genre (westerns, thrillers, film de guerre). Revenu en Allemagne, il embraie sans problème sur une aventure exotique d'où toute psychologie est absente. Nous devons donc nous rincer l'œil, parce qu'on ne verra rien si on regarde ce double film par le trou de serrure de l'hollywoodisme ; et on ne verra pas grand-chose, je crains, par le trou de serrure du cinéphilisme muséographique, qui veut regarder le *Tigre* et le *Tombeau* « comme un film muet », ou comme une toile de maître.

Tournés en 1958, deux ans avant le tout dernier ouvrage de Lang et deux ans après son dernier film américain, le *Tigre* et le *Tombeau* sont l'adaptation d'un roman d'aventures de Thea von Harbou. En 1921, Lang et Harbou, alors mariés, en avaient écrit une première adaptation ; elle fut réalisée par Joe May, ce qui dut un peu dépiter Lang qui avait déjà mis en scène plusieurs films. Comme en 1960 pour *Le Diabolique Docteur Mabuse*, les hasards du commerce et des commandes font donc le cinéaste revisiter ses origines.

L'intrigue du double film va comme suit : un architecte occidental est engagé par un despote éclairé d'Inde pour urbaniser. Le despote et l'architecte aiment la même danseuse rituelle, qui aime l'architecte. Le despote, bien qu'éclairé, est aveuglé par la passion jalouse et veut régler le problème de manière despotique et obscurantiste. Cependant le frère obscurantiste du despote fomente un putsch. Le putsch échoue, et le despote renonce à sa propre violence jalouse ; cependant c'est du côté de la sagesse orientale antique qu'il va se tourner pour trouver la paix, et non du côté de l'incertain progrès occidental. Dans la mesure où on peut parler de « sujet » à propos d'un film si compact qu'on ne peut en *séparer* les éléments, on voit qu'il est question d'Orient et d'Occident, d'ombre et de lumière, de superstition et de raison, de passion et de politique.

L'ouvrage fut un succès de public en Allemagne. En France, la critique nouvelle-vaguiste battant son plein en fit une *cause célèbre* de la politique des auteurs, le sommet de l'agressivité étant atteint par l'excellent Luc Moullet lorsqu'il écrivit : « C'est surtout dans la mesure où ce film est vide qu'il est riche. » C'est exact dès qu'on précise de quoi il est vide, donc ce dont il est plein. Considérez cette autre séquence fameuse où un magicien transperce avec des lames un panier contenant une servante. « À Eschnapour, il faut toujours s'attendre à l'imprévu », a prévenu le rajah. En effet, au bout d'un instant, du sang se met à sourdre du panier. Le spectateur espérait un tour de magie, et il se retrouve avec un assassinat perpétré en public. Frustration ! s'écrie l'amateur de magie. Or tout le film fonctionne notamment comme ça. L'imprévu à quoi il faut toujours, à Eschnapour, s'attendre, ne manque pas de survenir, c'est-à-dire qu'il y a beaucoup de péripéties, attaques de tigres, incarcérations, évasions, passages secrets, pièges, etc., mais tout ça finit toujours par se résoudre d'une manière *désabusée*. « Que reste-t-il ? » s'afflige Francis Courtade dans un étrange ouvrage (*Fritz Lang*, Le Terrain vague, 1963) qui condamne méticuleusement toute l'œuvre du cinéaste après 1936, et il répond : « Du vide et des moments dignes d'une opérette "à grand spectacle" sur la scène d'un théâtre de sous-préfecture. »

La lamentation du frustré est amusante ; cependant l'enthousiasme culturel (muséographique) ne vaut guère mieux qui va sûrement être affiché de toutes parts à présent (récemment, la louange générale à l'adresse de Hitchcock mort venait du même tonneau). Seule l'illusion a changé de base, pour l'instant.

« Le cercle est fermé », a dit Lang à Lotte Eisner. Retour à l'Allemagne (des plaisantins écrivirent « *US go home* » sur les lieux du tournage) ; reprise d'un projet de 1921 ; revisitation non seulement de « thèmes » (on ne voit pas ce qu'un auteur pourrait faire d'autre pour se développer que se *reprendre*), mais aussi d'anecdotes et d'images précises : les lépreux souterrains font écho aux aveugles du *Mabuse* muet, la submersion du méchant rappelle *Metropolis*, le rêve de Debra Paget répond à celui de Kriemhild ; plus généralement les situations ressuscitent le passé expressionniste de Lang, et de même la « stylisation » des décors et costumes (et des sentiments), sans parler des revisitations géométriques habituelles. Au fait, le cercle, qui est ici dans le soleil, dans l'oubliette où est jeté l'architecte, etc., et qui est d'autre part dans la vie de Fritz Lang (l'Allemagne, le scénario, la mort prochaine), est encore dans l'ouvrage en tant que celui-ci est un double film et le remake d'un double film – et beaucoup d'anecdotes y sont systématiquement redoublées : tigres, évasions, etc. Cela aussi, il me semble que c'est utilisé et fait dans un but de *désillusion*. Cependant il n'y a pas, du *Tigre* au *Tombeau*, simple progression plate. Est-ce que la danse de la première partie est plus érotique que celle de la seconde ? Oui, parce que les mouvements en sont plus évidemment suggestifs. Non, parce que Debra Paget est beaucoup moins vêtue dans la seconde, et puis dans la seconde il y a le cobra. Mais il est en plastique ! rétorque l'amateur d'illusion. Ah, écoutez, je ne sais plus, bien sûr ce serait plus clair s'il y avait une seule danse, où il y aurait à la fois la nudité de la seconde, les mouvements de la première, et un cobra vrai. Clair et net et reposant. Mais Lang n'est pas reposant.

Ceci encore : *What immortal hand or eye Dare frame thy fearful symmetry ?*

Charlie hebdo n° 503
(2 juillet 1980).

Alfred Hitchcock

Love at second sight

Parmi d'autres reprises passionnantes (notamment le *Battling Butler* de Keaton, et plusieurs festivals), deux formidables histoires d'amour.

Les heureux flippés du circuit Action ont remonté la *Cléopâtre* de Mankiewicz, d'abord. C'est-à-dire que l'objet, outre qu'il est en 70 mm, dure trois heures un quart. La version distribuée en 1963 avait d'abord à peu près cette longueur, mais rapidement elle fut amputée et réduite à deux heures. Les gens d'Action ont fouillé dans les chutes et, à défaut du film initial, obtenu un monument restauré aussi proche que possible de l'original. Quelques inévitables sautes de tonalité et faux raccords n'empêchent pas le résultat d'être passionnant. Le triomphe de César et l'entrée de Cléopâtre-Elizabeth Taylor dans Rome, particulièrement mis à mal par les guillotineurs de la Fox, est ici une pièce de résistance impressionnante. Dans sa lutte avec la superproduction, c'est là que Mankiewicz, cinéaste du langage masqué-masquant, et du pouvoir, nous parle des pouvoirs de la mise en scène, et de ses masques.

D'autre part est ressorti *Notorious* (*Les Enchaînés*), un des meilleurs Hitchcock, qui n'a rien fait de mauvais, jamais. Cary Grant, agent américain, y recrute Ingrid Bergman, fille de traître dépravée par la honte, afin de la jeter dans les bras du nazi Claude Rains, et de voler dans sa cave luxueuse la bouteille de vin qui contient un terrible échantillon radioactif. L'intrigue policière de *comic book* est entièrement charpentée, comme toujours chez Hitchcock et mieux que jamais, par les passions des personnages. Ayant recruté Bergman, Grant l'aimera, mais s'il l'a recrutée c'est pour la marier à un autre ; et cet autre à son tour l'aime, jusqu'à laisser briser son réseau et sa vie. Regardez Grant qui regarde Bergman, et qui l'aime mais la méprise, et qui donc la croit ivre alors qu'elle est empoisonnée ; regardez Claude Rains qui regarde Bergman s'en aller dans les bras de Grant, en sachant que lui, Rains, l'aime davantage, mais qu'ainsi elle sauve sa peau tandis qu'il perd la sienne. Jusque dans l'embrouillamini de mes deux phrases précédentes, apercevez le génie d'Alfred, dont on ne peut même pas raconter un plan, tant les couches de sens s'y recouvrent et s'y enchevêtrent. Parfois, d'un coup, parler d'un film semble spécialement oiseux. C'est quand le film parle absolument de lui-même, et tout ce qu'on peut ajouter, c'est qu'« à un certain moment on les voyait tous deux (Bergman et Rains) arriver de loin et comme ils se rapprochaient de nous à la faveur d'un panoramique, il était impossible de faire monter Claude Rains brusquement sur une cale ; il a donc fallu construire une espèce de faux plancher qui s'élevait progressivement » (Hitchcock *in Le Cinéma selon Hitchcock* de Truffaut). Oui, d'accord, c'est du pur pittoresque ; sauf que je me demande si vous en connaissez beaucoup des cinéastes assez certains de la *nécessité* de leur plan pour construire un faux plancher au lieu de le couper en deux, le damné panoramique...

Je vous laisse penser à ça.

Charlie hebdo n° 477
(2 janvier 1980).

Dealers in celluloid

Hitchcock, dans son adresse de remerciements à l'American Film Institute (soirée d'hommage retransmise par FR3 le 30 avril), appelait ses collègues et lui-même « *dealers in celluloid* ». Double sens, ou triple, ou davantage, comme toujours chez Hitchcock : le *dealer* est aussi bien celui qui « s'occupe » de pellicule, et qui en fait le négoce, et qui fournit aux intoxiqués. Le cinéma d'A. H. n'est pas de l'Art, c'est simultanément une activité, une marchandise et une came. C'est sa grandeur. Car le grand cinéma ne peut être de l'Art, il doit être de la camelote, c'est obligé.

Le cinéma n'a été un art que brièvement, épisodiquement, et presque par accident. Il en a fini avec les artistes en même temps qu'il achevait d'acquérir sa forme définitive (l'arrivée du parlant et l'élimination de Stroheim sont simultanées, et après Stroheim il n'y a plus de cinéastes artistes – à part Welles et son *raid* génial). Le cinéma vient à son heure : il doit être de la camelote parce que c'est l'heure de la camelote, l'époque de la culture. Mieux que la radio, moins bien que la télé, le cinéma est l'Art d'un temps sans art, le produit culturel de pointe du Capital, pendant la dernière période de triomphe mondial du Capital.

Et Hitchcock a donc été son temps en tant qu'il a été pourvoyeur de la meilleure camelote de son temps. Cependant ce temps contenait sa négation, et la camelote de ce temps devait, pour être bonne, la contenir aussi. Hitchcock est très positif : c'est un auteur à succès. Et il est complètement négatif, il n'existe qu'en détruisant, d'un bout à l'autre, « à tous les niveaux », comme on dit. Non seulement son sujet est le Mal, mais chacun de ses plans tend à détruire son voisin, et de même chaque élément de chaque plan. On a souvent relevé, chez A. H., l'efficacité de la contradiction entre le son et l'image, par exemple entre une conversation anodine et des gestes ou des regards lourds d'un autre sens ; mais c'est la totalité des détails du film qui passent leur temps chez Hitchcock à se démentir les uns les autres, de sorte que l'univers entier devient suspect.

Dans cette même adresse à l'AFI, Hitchcock racontait encore la fameuse anecdote de ses cinq minutes d'incarcération, quand il était môme. « J'ai un conseil à donner aux jeunes : *N'allez pas en prison !* », ajoutait-il dans l'hilarité générale. Ayant rappelé la phrase éducative du flic qui l'enferma : « Voilà ce qui arrive aux vilains petits garçons », il concluait, montrant son trophée : « Voici ce qui arrive aux bons petits garçons. » (Hilarité générale, de nouveau.) En effet c'est drôle. Non il n'y a pas de quoi rire. A. H. est le cinéaste d'une époque de terreur (voyez son intérêt pour l'incarnation la plus spectaculaire de cette terreur : une bonne douzaine de films où les méchants sont nazis ou rouges ou d'un « totalitarisme » indéterminé ; un bon quart de l'œuvre « parlante »). Il s'est mis à l'abri autant que possible : en fascinant le monde (mais comme font les charmeurs de serpents) – et par l'humour, l'image publicitaire personnelle, et ses apparitions rituelles, et tous les moyens enfin. Et en même temps il a été sans cesse le cinéaste le plus destructeur qui soit ; non seulement par l'immoralité extrême de ses contenus, mais surtout par une perpétuelle critique de l'apparence ; si forcenée qu'on s'étonne : comment un tel être a-t-il pu se maintenir tant ? D'autant que, c'est bien connu, ses films ne tiennent pas debout. Mais c'est le contraire, bien entendu : ils tiennent debout ; mais la réalité, non.

Charlie hebdo n° 496
(14 mai 1980)

Rainer Werner Fassbinder

Je souhaite la victoire de l'Allemagne

Il faudrait aussi que le cinéma français soit détruit par la concentration du capital et tout ça, comme en Angleterre, il ne resterait que quelques cinéastes, mais des bons, comme en Allemagne, avec une vraie envergure, une culture et une capacité cosmopolites. Du côté des Alboches, outre le cycle Wim Wenders qui tourne rond depuis un bon moment, vous pouvez voir ces jours-ci un Schroeter et un Fassbinder, ça ne fait pas de mal.

Le Fassbinder, *Le Mariage de Maria Braun*, est un mélo social. Fassbinder, homme très politique et très polyvalent, aime notamment le mélo, il a bien raison. Cinéaste moderne, il est cultivé, la dextérité de son filmage se nourrit aussi bien d'expressionnisme national (les éclairages contrastés, mais aussi cette stylisation discrète des décors et des gens qui donne sans cesse un beau *tranchant*, pour ainsi dire, à son travail) que de *fast food* à l'américaine. Formidable direction d'acteurs, comme d'habitude, nourrie notamment de travail de théâtre. Utilisation référentielle du mélo-à-portée-sociale, cet excellent véhicule tout-terrain (ici, l'héroïne, ruinée par la guerre, maîtresse d'un occupant américain, s'enrichit ensuite grâce aux capitaux américains et en collaborant avec un amant français, mais son cœur ne cesse d'appartenir à son mari, d'abord disparu à la guerre, puis emprisonné à sa place pour meurtre, enfin retrouvé, fortune faite. Dans l'abrutissement de l'abondance bovine, nul n'imaginerait un risque d'explosion... Maria Braun est évidemment l'Allemagne elle-même).

Mais Fassbinder joue ses coups à fond, il joue le jeu, c'est-à-dire qu'il fait un vrai mélo, il joue le romanesque à fond (comme il a joué d'autres formes dans d'autres films), les rebondissements, coups de théâtre, etc., alors que n'importe quel pisse-froid aurait joué sur le « questionnement » (horrible mot, pour un affreux concept) de la fable comme forme et des formes de la fable et du méli du mélo et avez-vous l'heure ? Vive Fassbinder.

Werner Schroeter et son film *Le Règne de Naples* sont nettement plus tordus. Schroeter s'enivrait naguère d'esthétisme, c'était effectivement assez enivrant (rappelez-vous par exemple *La Mort de Maria Malibran)*, une forme non pas vide – elle était son propre contenu, comme il convient – mais assez désespérée sur les bords. Ce coup-ci, il filme des Napolitains pauvres, de la fin de la Seconde Guerre mondiale à nos jours, et l'opération a quelque chose de complètement démentiel, parce qu'il n'a nullement abandonné son goût de la beauté somptueuse dans ce moment où il prend pour sujet (je ne dis pas pour contenu) ce qui était le sujet du néoréalisme. Voilà donc un cinéma qui devient plus désespéré encore. Car le néoréalisme était ce moment du cinéma où le cinéma se méfie de lui-même et de sa beauté, tente de rejeter ses moyens et ses buts antérieurs pour rechercher l'unité avec la vie, et ne peut qu'enregistrer pauvrement des objets et des personnes qui se côtoient dans la séparation et la misère, et la laideur. À l'opposé de Hollywood qui reconstituait le pittoresque parisien ou napolitain en studio, Schroeter, en allant créer de la beauté *sur les lieux mêmes de l'action* (comme on disait au temps de Hollywood), c'est-à-dire sur les lieux mêmes de la laideur, de l'affreuse misère réelle, se livre à une opération horriblement sarcastique. C'est intéressant.

Lili Marleen

Quinze jours que c'est sorti à Paris, le *Lili Marleen* de Fassbinder, vous devez en savoir l'anecdote (le scénario) même si vous n'avez pas vu la chose : une chanteuse allemande minable, mais assez sexy, est, en Suisse, avant la Deuxième Guerre mondiale, la maîtresse d'un fils de famille juif (qui, par parenthèse, porte un nom musicalement illustre) ; le père du jeune homme s'oppose à leur union ; en Allemagne, la chanteuse se trouve un inquiétant protecteur, haut dignitaire des affaires culturelles ; bien qu'elle chante faux et que son pianiste joue comme un manche, elle obtient, avec une chansonnette complètement débile, un succès public qui va grandissant ; la petite miquette devient une star tandis que la guerre se déroule, et la chansonnette débile bénéficie de même d'une mise en scène de plus en plus démesurée et *kolossal* ; même l'inquiétant protecteur sous-goebellsien ne peut plus coincer la miquette, vu que le Führer lui-même la protège ; parallèlement, l'amant juif et son père travaillent à faire sortir des Juifs d'Allemagne, et la liaison du fils avec la chanteuse se poursuit épisodiquement ; mais à l'effondrement du Reich, la miquette n'est plus rien, tandis que l'amant, marié entre-temps avec une jeune femme de son milieu, est devenu un grand chef d'orchestre : à lui le succès de bon aloi (artistique et tout), tandis que la miquette s'éloigne avec sa petite valise, *grosso modo*.

Si nous nous permettons de « raconter l'histoire » du film, c'est que vous la connaissez déjà ; c'est aussi pour faire voir qu'il s'agit d'un mélodrame de dernière zone, quasiment d'un photo-roman. En plusieurs circonstances, ce photo-roman est d'ailleurs saboté de l'intérieur, soit par l'exagération mélodramatique (l'apparition de Fassbinder soi-même, costumé en « traître », lunettes noires, galurin rabattu et col relevé, est hilarante), soit par telle ou telle « maladresse » d'exécution (au beau milieu d'une scène luxuriante et luxurieuse, la miquette, levant ses beaux bras, découvre des aisselles poilues). Mais le pire sabotage qu'on puisse infliger à un tel mélo est d'abord d'être excessivement respectueux de lui. Dans les divers tours de chant, il saute aux yeux qu'un contenu minuscule (cette petite chansonnette, cette petite chanteuse – techniquement très inférieure à Mireille Mathieu, par exemple) est enchâssé dans une forme de plus en plus monumentale : les escaliers sont de plus en plus grands, les tentures de plus en plus lourdes, les dorures de plus en plus abondantes, les croix gammées de plus en plus grosses, les toilettes de plus en plus vaporeuses, et ainsi de suite. Déjà à ce « niveau » l'on pourrait supposer que le metteur en scène jette en passant un jugement aphoristique sur le nazisme : point exactement de la merde dans un bas de soie, mais du minable dans du *kolossal*.

Mais (de même que le nazisme n'est pas le Mal absolu ni l'absolue étrangeté) l'enchâssement du minable dans le *kolossal* n'est pas une bizarrerie culturelle nazie ; c'est au contraire une banalité de toute la culture moderne. Non seulement l'opération *Lili Marleen* se trouve reproduite terme à terme dans un truc comme *Night in White Satin*, le fameux tube de l'autre décennie où les petits Moody Blues se faisaient enchâsser par le London Philharmonic Orchestra ou un machin de ce genre, mais ce sont toutes les petites choses culturelles qui sont systématiquement, dans cette époque, valorisées à tout-va par des enchâssements monumentaux, ou du moins par un flot de commentaires sophistiqués. Je vous laisse réfléchir à d'autres exemples du phénomène, ils sont légion.

De plus, le cinéma, en tant qu'il est le grand art de ce siècle (il eût pu être inventé, techniquement parlant, plusieurs siècles plus tôt, mais il ne l'a pas été parce qu'il n'était pas nécessaire, les Borgia ni Louis XIV n'auraient su quoi en faire), est le lieu privilégié de l'enchâssement du minable dans le *kolossal*. Si les films de DeMille, et tout le reste de Hollywood, et tout le reste de ce qui a été dans la dépendance de Hollywood, ne sont pas essentiellement l'enchâssement du minable dans le *kolossal*, je suis, moi, le pape. Et c'est bien cet enchâssement dont Fassbinder parle, et *Lili Marleen* est donc un film sur le cinéma. Les jeunes cinéphiles en diront qu'il est ultra-hollywoodien à cause des éclairages léchés, des lumières diffusées (Fassbinder utilise notamment le genre de filtres et de gaze qui font scintiller les lumières et les transforment en pseudo-étoiles).

On remarquera plus précisément que le réalisateur s'est beaucoup inspiré du cinéma allemand nazi récréatif, lui-même inspiré de Hollywood, et cependant teutonique : songez à la fameuse Marika Rökk, mais aussi à Zarah Leander, Martha Eggert et aux comédies musicales pâtissières qui vont avec. Songez aux films de Veit Harlan avec Kristina Söderbaum (c'est-à-dire, outre *Le Juif Süss, Cœur immortel, La Ville dorée* ou *Offrande au bien-aimé*).

Et ainsi Fassbinder va directement au fond de la question en touchant avant tout à la question de forme : il fait voir l'unité formelle entre la particularité nazie et l'ensemble de l'époque, y compris notre après-guerre, nos années 50 et 60, et aussi bien notre avant-guerre hollywoodien. Ceux qui estiment que Fassbinder a « baissé » par rapport au *Mariage de Maria Braun* n'avaient pas compris *Maria Braun*, et sans doute n'avaient-ils même pas saisi à quoi servait au juste la reviviscence du mélo poisseux dans *Le Droit du plus fort*, naguère. Ceux-là continueront de préférer *Le Conformiste* de Bertolucci, où la forme fasciste tarabiscotée et monumentale se présente comme pure vulgarité, *Gemeinheit*, en oubliant que cette vulgarité a continué d'avoir cours, elle est *gemeingültig*, gombrenez-fous, bédite schweinskopf et de *te fabula narratur* et tout ça ? (La preuve de ce que j'avance si clairement, c'est que le haut protecteur de la chanteuse ne peut plus la contrôler ni la posséder dès lors qu'elle est l'objet d'un enthousiasme de masse, et l'on appréciera tel instant où le malheureux renonce à faire entendre à la foule que c'est ce soir l'anniversaire de Hitler, vu que la foule est totalement absorbée par son ovation à la chanteuse.)

Il y aurait encore plein de choses à dire. La scène où la chanteuse et son pianiste se vautrent par terre dans le somptueux logement qu'on leur donne, en se bourrant au champagne, et en hurlant de rire à l'idée qu'une chanteuse si médiocre et un pianiste si tocard ont pu aboutir ici, est-elle une parabole sur la situation du pop-créateur culturel dans ce demi-siècle ? Va savoir.

Charlie hebdo n° 546
(29 avril 1981).

La règle du jeu

Rainer Werner Fassbinder a un rythme de production assez démoniaque, il tourne deux ou trois films par an. On ne s'en plaint pas. S'il consacrait davantage de temps à chacun de ses films, le résultat serait différent, peut-être mieux fini, mais peut-être moins bouillonnant. *Lola, une femme allemande* poursuit la série commencée en 1978 avec *Le Mariage de Maria Braun* où Fassbinder étudie les conséquences de la guerre sur la bourgeoisie allemande. *Lola* se déroule en 1957, sous Adenauer, après douze années de paix. Fassbinder y utilise quelques éléments structurels du roman *Professor Unrat*, qui autrefois avait inspiré *L'Ange bleu* à von Sternberg : un fonctionnaire s'éprend d'une prostituée et connaît les déchirements de la passion. La ressemblance s'arrête là.

Ce qui intéresse Fassbinder, ce sont les relations entre rapports sociaux et passions du cœur. Ici, la ville de province qui sert de cadre au film est « tenue » par un petit groupe de notables, une demi-douzaine environ, qui s'enrichissent sur le dos des pauvres en profitant de la reconstruction. Un nouveau responsable des travaux publics, von Böhm, fonctionnaire intègre, arrive en ville. Il est foncièrement honnête. Il rencontre Lola, chanteuse vedette du bordel de la ville, où se retrouvent régulièrement tous les notables. Lola est entretenue par Schuckert, gros entrepreneur en bâtiment. Ignorant son identité, von Böhm tombe amoureux d'elle. Quand il découvre, en un soir, la vérité sur les notables et sur elle, il décide de « nettoyer » la ville et de détruire toute cette racaille. Mais la reconstruction de l'Allemagne s'appuie sur la corruption de ses artisans, et l'implacable fonctionnaire renoncera à sa croisade, épousant Lola, qui elle ne changera pas pour autant.

Dans l'univers de ce film, tout est double, et possède un visage caché. L'apparente respectabilité dissimule la corruption, qui à son tour n'est qu'une forme d'adaptation à la réalité économique de l'époque. Derrière la façade bien-pensante se tiennent le vice et la dépravation. Le riche Schuckert, principale cible de von Böhm, n'est qu'un « prolo » embourgeoisé. Esslin, l'intellectuel idéaliste, instigateur du « nettoyage » de la ville par von Böhm, n'est qu'un pleutre et se vend au plus offrant. Von Böhm lui-même tente maladroitement de masquer son innocence sous un aspect extérieur « smart ». Pour impressionner Lola, il s'achète un costume anglais à pantalon de golf style « sport » très différent des complets classiques qu'il porte habituellement. Ainsi également, le double travelling autour de la table du conseil municipal : d'abord le jour de l'arrivée de von Böhm, lors de la présentation aux notables ; puis lorsque le fonctionnaire annonce qu'il entreprend d'épurer la ville. Et partout, il y a des miroirs qui renvoient aux personnages le reflet de leur âme, dans ce monde où l'hypocrisie s'organise en système. Duplicité, duplicité...

De même les signes de la dépravation se reflètent discrètement dans le monde diurne, faussement « honorable ». Les éclairages criards du bordel, rouges, bleus, roses (presque à la Bava), déteignent dans certaines scènes de jour, à l'église, par exemple. Schuckert, qui poursuit la conversation avec Esslin lorsqu'il va se soulager dans les toilettes du bordel, a le réflexe d'emboîter le pas à von Böhm quand celui-ci fait mine de s'éclipser un instant lors d'un déjeuner d'affaires. Lola porte une robe noire à pois blancs quand elle chante, une robe blanche à pois noirs quand elle est auprès de von Böhm. Ce dernier évolue dans des cadrages constamment rétrécis par des pans de murs ou des fenêtres qui bouchent les bords de l'image. Et la maison où il s'installe est partagée par un GI noir, rappelant celui de *Maria Braun*, qui après avoir occupé la totalité des lieux s'est retiré dans le seul étage supérieur. Métaphore évidente.

Les deux moments cruciaux du film sont les deux visites de von Böhm au bordel. La première fois, il y découvre simultanément le vrai visage des notables, et celui de Lola. Il reste pétrifié, puis s'enfuit. Ses espoirs d'une vie nouvelle anéantis, Lola se lance à corps perdu dans une extraordinaire chanson, violemment désespérée, puis se jette dans les bras de Schuckert, abandonnant ses rêves. La deuxième fois, von Böhm a compris « la règle du jeu ». Il est ivre mort et vient acheter Lola à Schuckert. Elle se laisse emmener dans une chambre, se déshabille, s'assied près de lui. Elle a perdu son masque. Il s'effondre en pleurant. « Mais vous m'aimez », constate-t-elle. Nous aussi, Lola, nous aussi...

L'Hebdo Hara-Kiri n° 20
(2 décembre 1981).

Erich von Stroheim

Lulu ressort, dans une copie qu'on dit restaurée et très bonne ; de toute façon c'est l'objet à voir et revoir en priorité, pour Louise Brooks, la femme la plus saisissante de l'histoire du cinéma, et pour essayer encore une fois de comprendre comment ça fonctionne, sa rencontre avec ce personnage et ce scénario et ce metteur en scène (Pabst) qui sont simplement bons, et pourquoi ça donne un joyau.

Un paragraphe plein d'à-propos

À propos de reprises (je vais finir par croire que j'ai été traumatisé par une chaussette dans ma petite enfance), ça fait des semaines que *Règlement de comptes* se balade dans les salles de répertoire et après tout le plaisir que viennent de vous donner les Lang de la télé, vous devriez revoir encore celui-là. Cette fois, au lieu de vous hypnotiser comme d'habitude sur le coup de la cigarette ou celui de la cafetière bouillante, regardez donc comme des fous la façon dont Lang cadre pendant les cinquante secondes qui précèdent l'explosion de la voiture, la scène où Glenn Ford et sa femme disent bonsoir à leur môme, le petit recadrage, on croit que c'est pour se rapprocher de Glenn Ford, on ne sait pas que c'est pour se rapprocher de la fenêtre obscure, c'est comme si Lang nous disait qu'on aurait pu prévoir, mais qu'on ne prévoit jamais. C'est terrible.

À propos de télé, il paraît que va nous arriver sur FR3 (ciné-club) un hommage à Irving Thalberg. Vu la façon dont ce salopiot a cisaillé *Greed* en 1924, *et jeté les morceaux*, le chien ! ça ne peut être qu'un hommage mitigé, mais enfin, il est question qu'on nous passe de belles choses, dont justement ce qui reste de *Greed*, deux heures et quelques au lieu de neuf heures et demie de film. Et à propos de Stroheim, je recopie un truc qu'il a écrit à Weinberg et qui me ravit : « Lubitsch vous montre le roi sur le trône et ensuite dans son lit. Moi, je vous montre le roi dans son lit et après sur son trône ; de cette façon vous savez à qui vous avez affaire et à quoi vous attendre de sa part. » Ça ne vous ravit pas, vous ?

Toujours à propos de tube, j'espère que mon exhortation à surveiller les programmes du lundi après-midi n'est pas tombée dans des oreilles de sourds et de malentendants, parce que ça ne se trouve pas sous le pas d'un cheval nommé homme, des trucs comme le *Si bémol et fa dièse* de Hawks, ou comme l'ahurissant *Chevalier sans armure* de Feyder (vous avez vu le chef de gare fou ? Vous avez vu Marlene Dietrich émerger de sous les feuilles mortes ? Vous avez vu quand elle est toute seule et mince et diaphane dans son déshabillé d'aristocrate, le dos au bassin, dans son espèce de Petit Trianon en stuc, et non seulement elle fait face aux deux mille Rouges avinés qui déboulent baïonnette au canon, mais en plus elle fait carrément deux pas en avant vers la horde assoiffée de sang et de viol ! Vous n'avez pas vu ? J'en pleurerais de rage).

À propos de décentralisation, je progresse : j'ai réussi à atteindre Bondy, et à apprendre qu'il y a là, salle André-Malraux, du 14 au 21 février, un festival de films fantastiques, en principe plus de quinze films, dont une demi-douzaine d'inédits. Je n'ai pas réussi à avoir l'adresse de la salle André-Malraux. Consultez *Pariscope*.

Charlie hebdo n° 483
(13 février 1980)

Twinkle, twinkle

Être borné comme un gardien de la paix, on en rêve à tort, ils souffrent aussi, les suicides sont fréquents dans ce milieu, et ils seraient bien plus fréquents si ces gens n'avaient la possibilité permanente de tourner leur violence vers l'extérieur en tirant sur un peu n'importe qui. Être borné comme Gloria Swanson, c'est peut-être mieux, mais il faudrait avoir l'âge requis. L'autobiographie *Gloria Swanson par elle-même : rêve d'une femme* (Stock) nous fait voir une dame très tranquille, sûre d'elle-même, d'abord comme star du muet, puis comme femme d'affaires. Nombreuses anecdotes à caractère sentimental et sexuel. Dans le détail, on sera particulièrement intéressé par les rapports avec Stroheim sur *Queen Kelly*, l'épouvante écœurée qui saisit la star quand les péripéties du film deviennent sordides, comment cette épouvante l'emporte sur l'admiration pour Stroheim et entraîne l'arrêt du film. De temps en temps dans les cinémathèques d'ici et là, on a l'occasion de voir, à la fin de la copie existante, en prime, quelques plans « africains » : le bordel, l'infirme libidineux, etc. C'est la grâce que je vous souhaite. Pour en revenir à Swanson, il faudrait lire en série cette autobio, puis celle d'une star des années 50 (Bacall ou Bergman, tiens), puis *Comédiennes d'aujourd'hui* (chez Lherminier), on aurait quelque chose comme une histoire de l'esprit du cinéma, de la tranquille certitude à la salade psychologique, et pour finir dans le questionnement freudo-marxeux. Quelque chose a régné, puis s'est effrité, et sombre, et ne sait pas ce qui lui arrive.

Charlie hebdo n° 545
(22 avril 1981).

Orson Welles

Le Criminel

Quand les Arts se prennent eux-mêmes pour objet, on sait ce qu'il advient, ils asseyent la Beauté sur leurs genoux et ils l'étranglent, et il ne restera qu'une toile vide, un écran vide, etc. Mais, avant cette disparition par impossibilité d'être, il y a dans les Arts un moment bref, inquiet et munificent où ils jouissent pour la première et dernière fois de toutes leurs possibilités en même temps, et où la forme se connaît comme identique au contenu. Pour ce qui est du cinéma, Orson Welles est ce moment, immédiatement dans son premier film (*Citizen Kane*, bien sûr). Les variations, toutes belles, et peu nombreuses hélas ! qui constituent le reste de l'œuvre de Welles n'iront jamais *plus loin* que *Kane*, explorant et commentant seulement des genres (le film noir), des acquis culturels (Shakespeare, le romanesque américain des *Amberson*, etc.), des idées sur la morale, l'Art, etc.

De toutes ces variations, si l'on excepte celles où Welles fut seulement un employé influent (*Journey into Fear* de Norman Foster, *Le Troisième Homme* de Carol Reed), *Le Criminel* est le film le moins maîtrisé de Welles, parce que de fait il n'en était pas le maître. Travail de commande, sous la houlette de l'autoritaire S. P. Eagle (Sam Spiegel), et sur un scénario établi par d'autres (en particulier par John Huston). « Il n'y a rien de moi dans ce film, dit Welles. (…) Je l'ai tourné pour montrer que je pouvais être un aussi bon réalisateur que n'importe qui d'autre. (…) Ce film ne m'intéressa absolument pas. Pourtant je ne l'ai pas fait avec cynisme, je n'ai pas cherché à le bâcler : au contraire, j'ai essayé de faire de mon mieux. Mais c'est de tous mes films celui dont je suis le moins l'auteur » (*Cahiers du cinéma* n° 87, reproduit *in La Politique des auteurs*, Champ Libre, 1972).

Eh bien tout de même, quelle patte ! Patte de *réalisateur*, certes : c'est plastiquement ébouriffant, et d'une tension parfaite. Mais patte d'auteur aussi, malgré tout. On sait la fascination (d'ailleurs *moraliste* – certes pas moralisante) de Welles pour les monstres humains (*Arkadin*, après *Kane*, et Harry Lime aussi bien). Dans cette histoire-ci (le chasseur de nazis Edward G. Robinson traque le criminel de guerre Orson Welles planqué dans une petite communauté du Connecticut), la morale de l'auteur Welles ne passe pas seulement par son interprétation ambiguë du monstre, mais aussi dans sa façon, ambiguë aussi, de filmer la bourgade américaine et ses habitants, dont un certain nombre sont de pénibles salauds. Le Mal n'est pas simple, il n'est jamais d'un seul côté. On appréciera perversement que ce soit justement le nazi, *jouant les bons citoyens*, qui prononce une violente tirade antiallemande, archétype de tous les discours par quoi le Mal est rejeté à l'extérieur et projeté sur l'Autre (le film s'appelle, comme vous savez, *The*

Stranger). Et donc archétype aussi bien, par exemple, du discours antisémite. Et, superbe double détente, comme on rétorque au faux antinazi que tous les Allemands ne sont pas nazis, et que par exemple Karl Marx… voici que le monstre, justement, admet que bon, d'accord, mais Marx n'est pas allemand, il est juif… (C'est cette pointe finale qui ranime le doute chez Edward G. Robinson, alors qu'il venait de se laisser prendre au beau discours.)

On peut rêver à ce qu'eût donné – en qualité et en quantité – un Welles qui serait parvenu à travailler régulièrement « dans le système ». Vaine rêverie : sa vertu est aussi de n'avoir pas pu.

Charlie hebdo n° 485
(27 février 1980).

Depuis combien de temps n'aviez-vous pas revu *Citizen Kane* ? On finit par le savoir par cœur, à force. Dans les têtes, à force, il est bien près de fonctionner comme la *Joconde*, morceau de musée, et c'est sa faute, aussi ! Il n'y a peut-être pas dix films qui se présentent ainsi, d'emblée comme chef-d'œuvre historique : ici, tout le cinéma hollywoodien totalisé d'un coup, absorbant d'ailleurs le reste du cinéma (l'expressionnisme allemand est complètement avalé, par exemple, par Kane et Welles et l'opérateur Toland), et absorbant même toute la « haute culture » européenne (le roman, le théâtre, l'opéra, etc.), et même s'absorbant soi-même (film sur la communication de masse et le pouvoir). Après ça Welles ne fera pas mieux, et personne d'autre non plus, c'est fini, le cinématographe est devenu une invention sans avenir. Bon, on va pas en faire un fromage. Si vous désirez un volume de commentaires, il y a toujours *The « Citizen Kane » Book*, un gros essai de la fameuse Pauline Kael, et le script dans tous ses états, ça existe en édition bon marché (Bantam Books).

Du côté des grandes reprises, n'oubliez pas non plus *Fury* de Lang, c'est le premier film américain de ce Fritz, et l'exilé ne trouve rien de mieux que de s'attaquer à la question du lynchage. Vous savez bien, c'est le film où le brave Spencer Tracy, manquant être lynché, passe volontairement pour mort dans l'espoir que ses lyncheurs subiront du coup la peine de mort. Film humaniste, faut ce qu'il faut, mais méchamment pessimiste et, ma foi, dialectique. (C'est aussi dans ce film qu'un projecteur de cinéma fait irruption dans la salle d'audience et que des morceaux de film servent de pièces à conviction – mais si on commence à commenter sérieusement cet ouvrage, on sera encore là demain.)

La Semaine de Charlie n° 5
(11 juin 1981)

Cinéma italien

Les pieds dans l'eau phéniquée

En ce moment on peut revoir à Paris *Rome ville ouverte* de Rossellini, film qui est certes « une date » : c'est peut-être alors que le cinéma a commencé à crever. Le monde et son rêve hollywoodien avaient été ébranlés par la guerre. Dans l'Amérique relativement intacte, et encore plus maîtresse du monde qu'elle n'en avait l'air, Hollywood avait encore une belle et bonne décennie devant soi. Mais dans l'Europe ravagée, le cinéma a dû rechercher aussitôt l'unité avec la vie quotidienne souffrante.

Il est piquant que le premier film néoréaliste, *Ossessione* de Visconti (1942), vienne d'un aristocrate de gauche passé par Hollywood ; piquant aussi que le jeune Rossellini ait commencé par faire des films fascistes, de sorte que l'héroïque curé antinazi de *Rome ville ouverte* succède à un héroïque aumônier militaire anticommuniste (*L'uomo della croce*, 1942). Mais les questions de rupture ou de continuité des contenus politiques sont très négligeables quand c'est le néoréalisme *en totalité* qui est un nouvel ordre dans le cinéma. Essentiellement stalino-chrétien dans ses origines, faisant l'éloge de la nation populaire et partageant les souffrances des gens, il est quelque chose de plus encore : quand la misère devient un style, ce n'est pas seulement pour des raisons économiques ; et le néoréalisme est la clé de toutes les Nouvelles Vagues, dix ou vingt ans plus tard, et finalement du courant principal des films de maintenant sur le « malaise » (cependant ceux-ci ont perdu en route toute espèce de sérieux et d'unité).

Entre-temps le cinéma d'« auteurs » a changé de base sociale. Ceux qui déplorent périodiquement que telle ou telle Nouvelle Vague ait tué le cinéma, ou qui expliquent sa « crise » actuelle par le manque de stars et de belles histoires, oublient que partout dans le monde les Nouvelles Vagues ont été accueillies comme un remède à la crise, déjà. *D'abord* les gens ont commencé de ne plus vouloir se déranger ; *ensuite* le jeune cinéma. Bien sûr, à partir de là, ça s'aggrave de soi-même : de plus en plus de conneries sur l'écran, supportées par de moins en moins de gens. C'est fascinant.

Charlie hebdo n° 502
(25 juin 1980)

Je me demande si les spectateurs jeunes apprécient Rossellini et (outre *Rome ville ouverte* repris en salle) *Allemagne année zéro* l'autre vendredi au ciné-club télévisé, et *Europe 51* ce vendredi. J'en doute : ce ne sont pas des films avenants ; et la suppression de ce qui existe n'entre pas dans leurs vues. Ils manifestent au contraire, à côté d'un déisme abject, le désespoir d'une époque. Après un demi-siècle de troubles, et vingt-cinq ans de contre-révolution culminant dans une nouvelle guerre impérialiste, la défaite des fascismes ne rétablit aucune espèce de calme unité, mais seulement l'aliénation et la misère d'une *reconstruction* qui est essentiellement reconstruction de l'économie et de son monde. L'union de la création avec son essence, dans le culte ou autrement, est impossible. Le jeune parricide d'*Allemagne* vit dans les ruines, est chassé par son maître, ses compagnons, sa partenaire d'amour, et il tourne le dos au clocher, ses orgues, son Dieu ; les jeux des enfants ne sont pas non plus pour lui, c'est par eux que l'idée de la mort se rapproche du garçon et il se tue. La bourgeoise, mère de suicidé, d'*Europe 51* vit au milieu de gens asservis par la célèbre peur de la mort, mondialement dominante ; pour se rapprocher de la vie elle devient folle, et de fait elle suscite alors l'adoration des simples.

Bon. Voilà qui est tout de même assez intéressant. Mais d'autre part le cinéma, ce n'est pas seulement des idées, ce sont des idées visibles (la Beauté !). Je n'ai pas revu *Europe 51* depuis un gros laps, mais sans doute on y trouvera le même genre de beauté que dans *Allemagne* : ici la grisaille des échanges de propos sur des sujets moraux, dans des cadres parfaitement composés cependant, a fait oublier peut-être l'extrême mobilité de la caméra (évidente lorsqu'elle suit le garçon dans ses trajets), l'utilisation expressive des ruines, et que Rossellini, au milieu d'un filmage délibérément pauvre (comme il convient), se sert volontiers, si c'est nécessaire, d'angles sophistiqués : sur l'entrée de l'immeuble et l'escalier, la plongée avec des bouts de mur en amorce, et le petit mouvement panoramique, d'apparence simplement fonctionnelle, pour accompagner l'arrivant et le recadrer au seuil du palier ; à l'inverse, contre-plongée sur la volée de marches et la porte fermée, quand le parricide revient sur le seuil du père, la dernière nuit ; filmage effectivement économique : autant d'emplacements qu'il faut, pas plus. Et davantage que les « notations justes » qui appartiennent plutôt à l'aspect romanesque ou documentaire (c'est pareil !) du cinéma – par exemple la pédérastie du maître nazi, l'avidité de la foule devant le cheval mort, les visages des interprètes, à nouveau l'envie enfantine de jouer chez le petit assassin –, on aime que, par exemple, soit systématiquement laissé hors champ le vide où va se jeter le gamin[1].

Charlie hebdo n° 505
(16 juillet 1980)

---

1. On aura beau jeu de rejeter Rossellini comme sale catholique, ex-fasciste et père des tendances les plus navrantes du cinéma moderne, d'autre part une tête de bœuf comme le prouve son livre de méditations *Un esprit libre ;* et de laisser donc le spécialiste filmologue à ses plaisirs : les cadrages et tout ça. Mais ce sont des plaisirs réels. Par exemple je me suis repassé plusieurs fois, avec un vif contentement, *Opération clandestine* de Blake Edwards, diffusé à la télé voici plusieurs semaines. Ce n'est pourtant qu'un petit thriller, où les notations documentaires et les finesses sentimentales l'emportent aisément en intérêt sur la péripétie criminelle. Mais d'autre part ce film est très savamment balisé de taches de couleur : calme vert, bleu de l'amour, jaunes de la tension, rouge de la violence. De manière si organisée que par exemple un autocollant écarlate apparaît sur le pare-brise de James Coburn pendant la scène de brusquerie automobile, et il n'y était pas auparavant, et il disparaît sans la moindre explication dès que la voiture stoppe : faux raccord délibéré, expressif, discret ; par ma barbe ! de l'Art ! Combien de millions de téléspectateurs n'ont-ils pas *vu* l'autocollant rouge, surtout si leurs voisins n'ont pas la couleur, se privant ainsi d'un plaisir ? C'était notre minute didactoc, bonjour mes chers auditeurs, bonjour.

Federico Fellini

Fellini est un des rares cinéastes actuels qui, en dehors de l'*underground*, se comportent en artistes. Ce qui ne veut pas dire qu'il en est un. Il est tout à fait visible que les artistes contemporains sont une catégorie dépourvue d'existence. Dans le grand nombre de personnes qui s'occupent de la production et de la distribution des marchandises culturelles, il y a seulement un certain nombre d'employés à la création, qui d'ailleurs ne créent rien ; et parmi ceux-ci il y a des gens qui *font fonction* d'artistes ; ils sont nombreux dans les genres anciens qui ont été effectivement artistiques en leur temps (romanciers, compositeurs de musique, artistes peintres, etc.) ; ils sont plus rares dans un genre industriel comme le cinéma, quoique la fameuse « politique des auteurs » ait proposé non sans un certain succès de valoriser cette branche en attribuant systématiquement la qualité d'artiste à tout contremaître sachant contremaîtriser.

Fellini se comporte en artiste notamment d'une manière extérieure : beaucoup de reportages écrits ou filmés insistent sur le gâchis somptuaire (en réalité assez menu, par rapport à la richesse de son industrie) qui accompagne les tournages de cet homme, capable de faire construire des décors et puis de n'en rien faire, ou de les incendier, et qui brouillonne, rature, s'abandonne à une spontanéité admirable, etc. Ce gâchis n'est pas matériellement différent de celui qui a accompagné le tournage de *Cléopâtre*, mais dès lors que *Cléopâtre* s'annonçait ouvertement comme un produit industriel (hollywoodien), le gâchis qui l'accompagnait devenait scandaleux, comme *erreur de gestion*. Tandis que le gâchis fellinien, complaisamment surévalué, est annoncé comme caprice d'artiste, et sert à valoriser Fellini. (Soit dit en passant, il y aurait des choses à creuser du côté de la valorisation du gâchis afférente à *Apocalypse Now*, gâchis par quoi Coppola tendait à se valoriser à la fois comme industriel hollywoodien et comme auteur.)

Fellini enfin se comporte en artiste, de manière moins extérieure, en ce qu'il met sa subjectivité sur l'écran sous la forme que le commerce moderne requiert impérativement dès qu'il est question de subjectivité, et pour qu'on la reconnaisse pour telle : des fantasmes. Le commerce moderne n'aime pas qu'on mélange les choses ; il nous enseigne très tôt qu'on ne peut pas additionner une pomme et une poire (comme s'il n'était pas évident pour tout enfant non scolarisé qu'il n'y a là nulle impossibilité, nul mystère, ça égale deux fruits). La subjectivité, c'est des fantasmes. Tenez-vous-le pour dit, petits scolarisés.

Il en résulte que *La Cité des femmes* est censé être acritiquable. À la rigueur, il pourrait faire l'objet d'un faux débat : est-ce un film antiféministe ? Bien sûr que non puisqu'il est subjectif, et signale le rapport de Fellini (et de nul autre) à la féminité. À part ça, le commentaire psychanalytique est reçu avec reconnaissance. Et puis on a aussi le droit de dire que Fellini est répétitif parce qu'il refait *$8^{1/2}$*. Comme s'il n'était pas bien plus répétitif de nous proposer, sur écran, la même chose que nous ont proposée sur papier dix mille romanciers, et autant de dessinateurs.

D'une manière générale, on est censé, au bout du compte, signaler que ce film sera reçu diversement selon que la subjectivité du spectateur aura ou non des atomes crochus avec celle de Fellini.

On n'est pas censé dire que l'industrie cinématographique tend à valoriser les crétins inoffensifs, que tous ces frais ont été faits pour peu de chose, que ce film est totalement dépourvu de nécessité, qu'il est d'autant plus pauvre qu'il est plus riche, qu'il est inutile.

Charlie hebdo n° 522
(12 novembre 1980)

Ettore Scola

Ettore Scola va avoir cinquante ans, il a réalisé dix-sept films ou dix-huit (en comptant sa participation à des films à sketches et à *Silenzio è complicità*, ouvrage collectif sur le meurtre de Pasolini, plus un moyen métrage sur la fête de *L'unità* en 1972), il est coscénariste de toutes ses œuvres et de près de cinquante autres films entre 1952 et 1968, ayant travaillé en particulier avec Risi, Pietrangeli, Paolella, mais aussi, occasionnellement, avec Corbucci, Bolognini, Lizzani, Zampa et une douzaine d'autres. On voit par là qu'il a toujours appartenu au courant principal, « commercial » et solide, du vivace cinéma italien, avec un penchant vers la gauche stalinienne (PCI) qui n'empêche nullement d'appartenir à l'*establishment* culturel.

C'est cette intelligentsia prospère et vieillissante qui est peinte dans *La Terrasse*, avec l'habituel mélange d'acidité comique et d'émotion amère.

On sait la construction du film : une série de soirées similaires réunit les mêmes quadra ou quinquagénaires que l'hôtesse appelle chaque fois à table en frappant dans ses mains ; et à partir de chaque soirée, une anecdote – un sketch – se développe autour d'un ou deux des personnages. La situation présente de tous ces gens contraste avec les idéaux de leur jeunesse, qu'ils ont peu à peu reniés ; ils se critiquent et s'autocritiquent, souvent méchamment, mais non sans complaisance masochiste. Au reste ils sont incapables de redresser, comme on dit, cette situation, elle empire plutôt, on verra même un de ces antihéros, empêché de créer, mourir d'épuisement et même de faim (à la suite d'une aberrante cure d'amaigrissement), tandis que la neige artificielle des studios de télévision l'ensevelit. Au bout du compte, quand les vieux cons sont chassés de la terrasse par la première pluie d'automne, les jeunes sont, selon Scola, « notre espoir ».

Voilà donc un film dont on dira volontiers qu'il est sans complaisance, mais qui est en réalité fondamentalement complaisant. Ainsi que l'ont souligné, depuis dix ans, de bons auteurs, le monde est devenu si visiblement invivable que tous les pouvoirs sont devenus « furieusement réformistes ». De même leur valetaille stalinienne et culturelle s'exhibe ici sur le mode du déchaînement autocritique. En effet, si elle déclarait, sur les écrans et ailleurs, qu'elle est satisfaite et heureuse, nul ne risquerait de la croire. Aussi affiche-t-elle son malheur, et même son abjection, par peur de la mort, qu'elle essaie ainsi de retarder encore un peu.

Cela noté, le film de Scola, correctement cadré, bien interprété par des acteurs bien choisis (voyez non seulement les vedettes, mais la solidité des seconds rôles), est très remarquablement écrit – par Age et Scarpelli, comme d'habitude, outre Scola lui-même. Et non pas « littérairement », mais visuellement, comme il convient. Vous vous rappelez que, vers la fin de *Nous nous sommes tant aimés*, le stalinien et le gauchiste, près d'un feu en plein air, allument leur cigarette avec une braise : ainsi est immédiatement évoquée, de façon purement visuelle, leur vieille fraternité d'anciens du maquis antifasciste, tandis que le social-traître (qui a un briquet), quoique ancien partisan lui aussi, est à présent à l'écart. Il y a dans *La Terrasse* cent idées aussi maîtrisées. La neige ! La cloison ! Le taille-crayon ! Et quatre-vingt-dix-sept autres. À côté de la réserve de fond que nous faisons sur cet ouvrage berlinguériste, il faut dire que c'est un travail (et une distraction) magistralement conçu et exécuté. Scola nous est antipathique, mais il est bien un cinéaste appréciable, et non pas une « baudruche » qu'il conviendrait de « dégonfler » – comme nous l'affirmions naguère dans un léger mouvement d'aversion.

Charlie hebdo n° 525
(3 décembre 1980)

Le Style Warner Bros

À chaque aube je meurs, repris depuis quelques semaines, est comme vous savez très représentatif du « style Warner ». Le réalisateur William Keighley, issu du théâtre, embauché comme *dialogue director (sic)* au début du parlant, fit carrière comme employé consciencieux et non comme auteur brillant. (Selon certaines sources, c'est parce qu'on lui reprochait de manquer de punch qu'on lui retira la réalisation des *Aventures de Robin des bois*, finalement bouclé et signé par Curtiz.) En France, son travail n'est connu qu'en partie ; ses zélateurs se réclament toujours des mêmes deux ou trois films, en particulier *La Révolte des dieux rouges*, qui me fit d'ailleurs grande impression quand j'étais un très jeune mimile. Dans *Le Film policier reflet de sociétés (Cahiers de la Cinémathèque de Toulouse* n° 25, récemment réimprimé), Jean-Pierre Bleys a publié une filmo de Keighley et une étude où, à propos du style Warner, il compare Keighley et Raoul Walsh, tâchant justement de déterminer ainsi ce qui appartient au talent individuel et ce qui revient au génie collectif de la maison d'industrie Warner Bros.

Pour ce qui est des talents particuliers, on relèvera ici la photo d'Arthur Edeson, opérateur depuis 1917, qui fit l'image de grands films, par exemple *Le Voleur de Bagdad* de 1924, et *Frankenstein*, et *Les Révoltés du « Bounty »*, et qui allait se distinguer encore avec *Sergent York, Le Faucon maltais* (celui de Huston) et *Casablanca*, rien que ça ! Et puis bien sûr il y a la musique de Max Steiner. Et puis l'interprétation, certes. Cagney et Raft, grands amis à la ville (et celui-là aida celui-ci à se propulser dans le cinoche), s'entendent comme larrons en foire. Cagney joue ici un peu en retrait de ses capacités d'hystérie, et c'est très juste : dans ce film il est un demi-intellectuel (un journaliste) entaulé par les gangs et un procureur véreux ; il devient un forçat très méchant, mais son personnage n'est pas une bête humaine psychotique comme d'autres fois. D'ailleurs sa façon de *retenir* sa violence sans jamais se détendre complètement (par exemple ses bras ne *pendent* jamais le long de son corps, le coude est toujours un peu plié) est magnifique. (D'ailleurs il y a ici une *scène* entière *sur* les bras de Cagney.)

L'excellence Warner est encore dans le reste de l'interprétation, des grands seconds rôles aux plus petits, de George Bancroft à Victor Jory ou Abner Biberman. Elle est dans la rapidité systématique du montage, de l'action et du dialogue ; dans les éclairages brutaux ; et enfin dans le sujet, à caractère sociologiquement agressif, quoique convenu, puisqu'il s'agit de collusion entre l'administration et le crime, puis d'un système pénitentiaire qui transforme un honnête réformateur en chien enragé. Plus sont unifiés tous ces éléments, meilleure la séquence, et on jouira beaucoup, par exemple, des scènes d'atelier, où le travail du textile est à la fois intéressant sur le plan documentaire, plastiquement beau, et dramatique (le tapis roulant permet de faire circuler aussi des armes).

Avec tout ça point un chef-d'œuvre, *À chaque aube je meurs* est un excellent film de genre, un passionnant produit de série.

Charlie hebdo n° 506
(23 juillet 1980)

Extase

Au début d'*Extase* de Gustav Machaty, le mari de la jeune Hedy Lamarr manque à honorer sa femme. Quel idiot ! Il mérite ce qui lui arrive : elle se tire. Naïve, elle se réfugie chez son papa. Mais celui-ci est irrité par l'inconduite de sa fille et prend le parti du jocrisse. Lamarr se tire derechef, rencontre un ingénieur qui lui fait connaître le plaisir physique. Le couple va poursuivre ses ébats dans une auberge ; le mari se pointe et, à cause de la tension dramatique subséquente (et longuette), il se fait sauter le caisson. L'ingénieur se détourne alors de la pauvrette, qui s'en va toute seule.

Ce film n'est guère moralisant : s'il nous indique que l'adultère ne fait pas le bonheur, il précise nettement que, dans ce cas spécifique, c'est la faute des mecs et de leur civilisation patriarcale. Le mari est un pauvre salaud, le père un tyrannique emmerdeur, ils font bloc contre la douce Hedy et sa revendication, et l'amant n'est finalement pas sympa non plus qui laisse tomber la petite sous prétexte que l'autre crétin s'est flingué. Le poète Viteszlav Nezval, scénariste de la chose, était alors lié à l'avant-garde. Comme l'autre film « audacieux » de Machaty (*Erotikon*, 1928), celui-ci, qui est de 1932, s'inscrit dans le courant de libération des mœurs qui, en Allemagne, en Russie et entre les deux, a continué de se faire sentir plusieurs années après la défaite de la révolution sociale dans tous ces pays. À côté d'un éloge du corps « naturel », notamment nu, qui traverse beaucoup de films allemands de la période[1], on ne s'étonne pas de rencontrer un filmage de style « soviétique », si l'on peut dire. Les grands champs de graminées ne manquent pas d'onduler comme des fous, et ainsi de suite. Si la petite Hedy, après une belle chevauchée sous l'orage et une baignade bucolique, court à poil dans les graminées susdites, c'est que son cheval se sauve pour rejoindre un congénère (je n'ai pas eu la présence d'esprit de regarder lequel était jument, lequel étalon) et s'envoyer en l'air. Et le montage métaphorique atteint des sommets plutôt hilarants quand la grande scène d'amour charnel est montée en parallèle avec des plans d'ouvriers en sueur qui

---

1. En Allemagne et aux alentours, c'est l'époque des camps de jeunesse, des multiples mouvements de jeunesse de masse organisés par les divers partis, et qui se réclament de la *Jugendbewegung* des années 1910. On se soucie vivement des questions sexuelles (c'est l'époque aussi du *Sexpol* de Reich), et l'on procède à une exaltation ambiguë de la nature, que l'irrationalisme nazi a commencé de capter et de changer en culte des vertus nordiques, et du sang, et du sol. Dans le même moment où Machaty filme Lamarr sans voiles dans un but progressiste, l'excellente cinéaste hitlérienne Leni Riefenstahl, pas mal balancée non plus, se montre nue dans *La Lumière bleue*, fable fantastico-alpiniste. Et à côté de ces longs métrages commerciaux, on se dénude beaucoup dans de nombreux films militants de tous les bords. La contre-révolution ayant déjà remporté la victoire sur le terrain social, cette rébellion générale contre la morale et les mœurs bourgeoises sera finalement canalisée par le capital, et mise à son service hideusement, comme on sait.

piochent comme des stakhanovistes. Enfin, quoique les images de la nature soient belles et lyriques, le personnage de l'ingénieur moderne et urbain est libérateur en quelque mesure, et fait contraste avec l'obscurantisme répressif des campagnards (on trouve la même structure, mais bien sûr *renversée*, dans le cinéma nazi : par exemple dans *La Ville dorée*, de l'infâme Veit Harlan ; ça me fait penser que Machaty et Harlan ont chacun tourné une *Sonate à Kreutzer*, ce serait peut-être intéressant de les comparer).

Bref, *Extase* présente un intérêt historique certain, et les images en sont assez jolies. Mais d'autre part son audace paraît à présent un peu ridicule, et la prudente lenteur de l'exposé est emmerdante. Quant à l'enivrante Hedy, certes on la voit à poil, mais elle n'a pas encore sa forme hollywoodienne et, la mise en scène aidant, ce sont des adjectifs comme « saine et vigoureuse » qui nous viennent, plutôt qu'une érection. À vous de voir si tout ça vaut le détour.

P.-S. : Terminons sur la faste Hedy, ce sera plus gai : il paraît qu'à Hollywood, sous le soleil californien, cette beauté se languissait de ses brumes natales et austro-hongroises. En conséquence elle fit installer des machines à brouillard et à pluie, afin d'avoir du mauvais temps quand ça lui chanterait. Ah ! quelle femme. D'ici que je retombe amoureux d'elle, moi, y a pas des kilomètres. Quant à celui qui vient de crier que tout le monde la connaît, mon anecdote, il oublie que *Charlie hebdo* est lu par l'intelligentsia.

Charlie hebdo n° 509
(13 août 1980).

Harry Langdon & Frank Capra

Harry Langdon se produisait depuis un bout de temps dans les spectacles de variétés itinérants (vaudeville) quand Mack Sennett, patron de la puissante Keystone et grand découvreur, le découvrit. Carrière brève : en gros la seconde moitié des années 20 ; quelques films de deux bobines, aussitôt la gloire, et des longs métrages, réalisés par Harry Edwards, et par le jeune gagman Frank Capra qui passe là à la mise en scène ; et puis des réalisations de Langdon lui-même, notamment ce *Papa d'un jour* qu'on peut revoir depuis quelques semaines (avec *His First Flame*, dirigé par Edwards). Langdon s'efface à la fin du muet, quoiqu'il fasse des apparitions jusqu'à sa mort en 1944.

Dans son autobiographie généralement sucrée, Capra est acide à l'égard de Langdon. Il laisse délicatement entendre que c'est lui, Capra, et le reste des gagmen Keystone, qui ont permis à Langdon de s'accomplir ; et que Langdon retomba et disparut faute de l'avoir compris. Ce n'est pas évident à voir *Papa d'un jour* ; ce n'est pas faux non plus : *Papa d'un jour* est, disons, moins commercial que *Tramp, Tramp, Tramp* ; ce qui permettra au besoin de le juger plus « pur », à présent qu'on le regarde forcément d'un point de vue un peu muséographique.

Lunaire, dit-on immanquablement de Langdon, non seulement à cause de l'apparence ronde et blanche du visage, mais à cause de la vie de relation du personnage : plein d'un désir enfantin, c'est-à-dire timide et forcené, plus il est passionné et plus il est somnambulique. D'où vient par exemple que les gags d'objets chez Langdon ne sont pas causés par la malveillance mécanique ou sociale de ces objets, mais par le bon vouloir délirant du personnage. S'il finit par prendre un torchon pour une tarte, c'est pour la raison qu'il voulait en faire un lange de bébé. Quoi de plus logique ?

Capra énonce, parmi diverses *règles* commandant selon lui le personnage de Langdon, que celui-ci devait toujours être bon, jamais mauvais. Et il l'appelle *un elfe dont le seul allié était Dieu*. Voilà bien la vulgarité de ce cinéaste démo-chrétien ! Le bien et le mal ont sûrement à voir avec les succès de Capra, et rien à voir avec Langdon, allez donc vérifier.

Charlie hebdo n° 511
(27 août 1980)

Howard Hawks

Scarface

Scarface est un film si fameux, sur lequel on a fait tant de commentaires, qu'il faudrait vous proposer, petits amis lecteurs voyeurs, une bibliographie plutôt qu'un rab de glose. D'autant plus ramifiée, la bibliographie, que l'ouvrage résulte d'une sacrée conjonction de talents nombreux. Réalisé par Hawks, oui, et aussi produit par Howard Hughes, écrit par Ben Hecht et le grand polareux W. R. Burnett (entre autres), photographié par Lee Garmes (un grand hollywoodien soigneux, il vient entre autres de faire trois Sternberg, il travaillera plus tard avec Hitchcock, Wyler, etc., et fera l'image de *Duel au soleil*) ; et pour l'interprétation aussi, vous êtes au courant. Paul Muni, quand on lui proposa le rôle, dit à peu près qu'il ne voyait pas ce qu'il pourrait inventer que Robinson et Cagney n'avaient pas déjà fait dans le genre. Mais ensuite on a vu.

Muni, ce disant, situait bien le problème du film et sa grandeur : *Scarface* est le couronnement de l'âge d'or du film de gangsters ouvert *grosso modo* par *Underworld* de Sternberg et ponctué par *Le Petit César* (avec Robinson) et *L'Ennemi public* (avec Cagney) ; âge d'or qui ne dure guère que cinq ans (1927-1932) ; d'ailleurs on pourrait chicaner la chronologie, car la sortie de *Scarface* a été beaucoup retardée par la censure, de sorte qu'on ne sait plus s'il est ou non postérieur à *L'Ennemi public*.

Ce qui agaçait les censeurs, ce n'était pas seulement la surabondance de violence et de meurtres ; c'était l'envergure des personnages. Ailleurs le gangster est un souverain dérisoire (un César petit), ou un chien enragé ; ici, « Capone est César Borgia, et sa sœur Lucrèce Borgia », dit Hawks, et il ajoute que c'est cette idée qui brancha Hecht. Il ne faut pas voir là l'espèce de prétention culturelle qui marque, ces temps derniers, la putréfaction et la récupération des genres populaires. Hawks n'est pas un esthète (ni Hecht, ni Hughes) ; s'il rameute les Borgia, c'est plutôt dans l'idée qu'on n'a pas besoin d'être duc de Valentinois et fils de pape pour avoir les passions les plus violentes. Et cette idée fait toute la grandeur du cinéma *démocratique* (*i.e.* hollywoodien). Au fait on pourrait réexaminer toute l'œuvre de Hawks sous cet angle, puisque le cinéaste, avec sa dilection fameuse pour les aventuriers professionnels et les rapports inversés entre les sexes, n'a jamais cessé de s'occuper de ce que la civilisation fait aux passions. Je dis ça en passant ; d'ailleurs vous le saviez déjà.

Charlie hebdo n° 512
(3 septembre 1980)

Ingmar Bergman

Certains soutiennent qu'on ne peut pas critiquer bien ce qu'on n'aime pas. Ça non plus, il ne faut pas s'en étonner dans un temps où ce qu'on appelle une bonne critique, c'est bonnement une apologie. Au fait il y a eu une erreur d'impression ici, il y a quinze jours, dans mes considérations statistiques sur « le hit-parade des critiques » dans *Pariscope :* en face de 1,2 % d'aversion, la satisfaction passionnée ne s'élevait pas à 1,6 %, qui serait assez raisonnable (on ne peut pas vivre absolument sans pitié), mais bien à 16 % (seize), qui ne le sont plus. Là, si vous ne vous rappelez pas ce dont on vous parle, on vous paume. De plus on glousse malignement. Quelle sotte cruauté que la nôtre !

Mais en réalité c'est de Bergman que nous souhaitions essayer de dire trois mots pour commencer. Toutefois nous ne l'aimons pas et nous ne le détestons pas non plus. Sûrement c'est un très bon metteur en scène, c'est-à-dire qu'il sait ce qu'il veut mettre dans son cadre et il l'obtient, et le résultat n'est jamais banal plastiquement, on ne peut absolument jamais s'endormir devant du Bergman si on a le moindre penchant iconologique. Cependant le cinéma n'est pas seulement iconologique. Le cinéma n'est pas de la peinture. Je vous l'affirme avec force. La peinture non plus, d'ailleurs et je pourrais le prouver les yeux bandés mais une autre fois. Le cinéma (et la peinture), c'est aussi de l'idéologie en bâtons. L'idéologie de Bergman (et d'un tas d'autres cinéastes généralement moins capables), c'est l'idéologie de la mort des idéologies, considérée comme une triste chose, sous prétexte que si le bon Dieu n'existe pas et le marxisme est une erreur et la psychanalyse n'en peut mais non plus que la sociométrie ni la zététique ni même Cavanna, on reste comme des cons à souffrir sans savoir qu'alors y faire. (Ce qui est vrai pour une certaine catégorie de personnel, et faux pour toutes les autres, mais le cinéma, surtout celui de Bergman, n'est plus destiné à celles-ci.)

Bien sûr la forme est toujours la forme du contenu, il faut donc rectifier un peu cette histoire de maîtrise plastique : la perfection fonctionnelle de Bergman est identique à celle d'un immeuble de grand standing. Le fonctionnalisme ignore (foncièrement, ma foi !) que la fonction d'un immeuble de grand standing est d'être rasé par ses habitants furieux. Toutefois une certaine inquiétude se fait jour de ce côté ces dernières années, et par exemple dans le film de Bergman *De la vie des marionnettes*, qui traite à nouveau du caractère incompréhensible (indéterminé) de l'aliénation (en prenant et en récusant notamment le point de vue psychanalytique), la destruction du film lui-même est évoquée très allusivement par une organisation *accidentée* de la narration (non chronologique) et cette autre vieille blague qu'est l'alternance de la couleur et du noir et blanc. Voilà qui nous paraît terriblement timide, mais d'autre part certains soutiennent qu'on ne peut pas critiquer bien ce qu'on n'aime pas.

Charlie hebdo n° 518
(15 octobre 1980)

Jean-Luc Godard

J.-L. G.

Godard a toujours été un novateur obstiné. Dès ses courts métrages, il avait inventé la postsynchronisation. En 1960, il invente le montage, puis le film politique ; en 61, la comédie musicale ; en 62, Brice Parain ; et ainsi de suite, en passant par l'invention de l'écran noir et celle de Dziga Vertov, et pendant un moment il a même inventé le matérialisme dialectique. Ce coup-ci, dans *Sauve qui peut (la vie)*, il a inventé le ralenti. Nom d'un petit bonhomme !

Voyant en leur temps les premiers Godard (de 1960 à 1965), j'étais très ému, de même que j'étais très ému par *Mourir à Madrid* (62), ce mensonge. En effet je ne savais rien de l'Espagne, et j'étais occupé à oublier le reste et à parvenir à l'analphabétisme, puis à l'apoplexie : je préparais mon baccalauréat, puis des certificats d'études supérieures, je suis même arrivé au point où j'ai essayé pour ma part d'inventer le bolchevisme, j'ai hélas échoué par manque de sérieux, et ensuite j'ai été forcé d'aller au travail, c'était foutu.

Notez toutefois que l'intérêt suscité par Godard ne tient pas seulement à l'analphabétisme apoplectique du cinéaste et de ses zélateurs, mais aussi au fait qu'il souffre réellement, ce type, et qu'il se démène beaucoup à triturer l'image. Malheureusement, croire qu'il faut triturer l'image est une erreur. C'est apercevoir confusément que l'image est pleine de subtilités métaphysiques, et puis oublier que c'est métaphysiques qu'elles sont, ces subtilités. C'est comme apercevoir vaguement qu'une baguette de pain est un rapport social, et puis faire subir tous les traitements physiques (et chimiques) possibles à cette baguette, pour découvrir ce rapport. On en arrive donc à faire par exemple la même chose que Claude Sautet (montrer un accident de la circulation plusieurs fois, au ralenti), avec plus d'ambition et plus d'angoisse, mais pas davantage de résultats intéressants.

Tout ce qui précède ne prétend nullement être un compte rendu du dernier Godard. Déjà que je l'ai vu en entier, vous n'allez pas me demander d'en rendre compte en plus, il y a des limites.

Charlie hebdo n° 520
(29 octobre 1980)

Stanley Kubrick

Brillant

Kubrick, certes un grand cinéaste, dans un temps où la grandeur s'est retirée du cinéma, aime bien, notamment, pousser à l'extrême et au monumental le *film de genre* (*2001* pour la s.-f., *Barry Lyndon* pour le romanesque picaresque, et même *Orange mécanique* considéré comme une étude de la délinquance juvénile, sont assez époustouflants pour faire oublier cette caractéristique ; pourtant ils la possèdent). Quant à *Shining*, il vient ressaisir, récapituler et rénover un genre qui n'est pas marginalisé et à demi oublié (comme l'était par exemple la s.-f. au moment de *2001*). Au contraire plusieurs cinéastes l'ont déjà ressaisi ces dernières années, avec de bons budgets et souvent un grand succès de public (*L'Exorciste*, etc., etc.). Pas d'effet de surprise extérieur (culturel) ici, donc. On n'en est que plus à l'aise pour constater l'excellence du film et du cinéaste. Bien.

Ça raconte qu'une cellule familiale (père, mère, garçonnet) est enfermée (aux fins de gardiennage) dans un lieu maléfique (un vieil hôtel labyrinthique, construit sur un cimetière indien, et où la violence et la folie ont frappé autrefois). Des phénomènes supranormaux se produisent, touchant d'abord le garçonnet, puis le père (et n'épargnant pas totalement la mère). Violence et folie se déchaînent derechef.

Une originalité majeure du film, c'est que Kubrick évite complètement la convention selon laquelle les forces surnaturelles sont des forces du Mal, sauf celles de la foi en Dieu qui est bonne – convention qui gouverne *L'Exorciste* et le reste. Et Kubrick évite aussi la convention sophistiquée (convention de gauche) selon laquelle les forces surnaturelles seraient chouettes. Le surnaturel de *Shining* est aussi énigmatique que le monde palpable, celui de Hitler et Staline, du docteur Kissinger et du professeur Choron. Le garçonnet est possédé comme la fillette de *L'Exorciste*, il a la même voix qu'elle, et il apparaîtra pourtant que cette possession est plutôt sympa, tandis que d'autres influences – celles qui s'exercent sur Jack Nicholson – sont le vrai danger. En cela *Shining* est un film d'effroi particulièrement peu rassurant (contrairement aux autres films d'effroi), parce qu'il ne vous indique pas d'emblée où est le Bien et où est le Mal, ni même s'il y a un Bien et un Mal, et de ce côté aussi ce film n'est pas de la télé.

Le scénario est anthologique *(repertorial)* qui énumère un maximum de formes surnaturelles (spectres, succubes, possession démoniaque, télépathie, et vingt autres) et de références culturelles (le suspense criminel, le conte de fées, le *shocker* pour enfants – il y a citation explicite du *Petit Poucet*, de *Barbe-Bleue*, des *Trois Petits Cochons* –, la psychopathologie de l'artiste raté, etc., etc.). De même le filmage est anthologique : pour ne citer qu'une séquence déjà dévoilée par l'affiche et la télévision, celle du siège de la salle de bains par le fou à la hache, il saute aux yeux que le plan de coupe (!) sur l'hôtel enneigé et la fuite du môme pourraient avoir été dessinés par les studios Disney, ce qui a immédiatement à voir avec le fait que le fou à la hache se prend, dans ce moment, pour le Grand Méchant Loup. Beaucoup du filmage est pareillement référentiel, au point que les puristes pourront s'effaroucher de certains effets qui se réfèrent aux modes récentes ; au reste la figure la plus utilisée est le travelling, notamment dans l'axe et aussi bien en avant qu'en arrière, de sorte que si vous envisagez de parler d'une dialectique de la pénétration (comme exploration régressive), je ne suis pas de taille à vous en empêcher mais je vais appeler le barman fantôme pour qu'il nous remette ça.

Maintenir ensemble une multitude de références, tel un *index* bibliographique, et magique (et capable de convoquer Tony le bon démon), et puis raconter du même pas un bon suspense tendu, mouvementé et intelligent, c'est ce qui fait l'excellence d'un auteur moderne, chez qui la culture et la dextérité et l'hystérie personnelle coopèrent, s'organisent les unes les autres. Stanley Kubrick m'inspire de l'estime et me fait plaisir.

Charlie hebdo n° 520
(29 octobre 1980)

Du côté des reprises, il y a plusieurs ouvrages que vous auriez tort de rater. À commencer, répétons-nous, par le *Lolita* de Kubrick (1962), qui, à sa sortie première, fut mal vu dans tous les sens du terme, pour des raisons extérieures : le livre était très lu, et plus célèbre encore, avec une réputation « croustillante » pour tout arranger ; les spectateurs bonasses vinrent chercher là quelque chose de *sexy* et furent déçus ; quant aux évolués, ils ne prirent guère en considération que l'*adaptation ;* d'où les discussions interminables sur la question de savoir, par exemple, si Sue Lyon est une nymphette ou une jeune femme ; ce qui est oiseux. Le film n'est pas de Nabokov puisqu'il est de Kubrick, et même si le *script* est de Vladimir soi-même. Et un film n'est pas plus un roman qu'il n'est de la peinture. On s'en veut de rappeler ces évidences, mais elles ne sont pas évidentes pour tout le monde.

En tout cas cette reprise est une bonne occasion de voir le *Lolita* de Kubrick pour lui-même, d'une manière décapée, et si on veut le comparer à d'autres trucs, ce sera aux autres trucs de Kubrick (ainsi les transformations physiques de Peter Sellers annoncent-elles son omniprésence dans *Folamour*). La question de la répression – légale, sociale, psychique – est au centre de *Lolita* (comme d'*Orange* ou de *Shining*), le superbe meurtre initial est l'aboutissement (*flash-back*) de la transgression initiale (détournement de mineure), l'itinéraire est commandé par la pression extérieure (flics, psychiatre, gens bien-pensants) et intérieure, la loi et la folie sont un *couple* (le héros est lui-même un couple puisqu'il s'appelle Humbert Humbert), le *malaise dans la civilisation* mène à l'implosion des individus, à moins qu'ils deviennent des veaux (comme la petite Lolita elle-même se changeant finalement en lamentable jeune ménagère). Eh bien, mais tout ça est terriblement kubrickien, mes petits !

C'est bougrement pessimiste, aussi. Mais on ne va pas se remettre à parler politique.

Elia Kazan

À propos, une reprise dont on peut en revanche se passer, c'est le *Viva Zapata* d'Elia Kazan. C'est tout de même un film intéressant, mais surtout parce qu'il est tellement représentatif des défauts de Kazan. Quand il fait ce film, ce metteur en scène est au premier sommet de sa carrière, commercialement parlant. L'ouvrage est exactement contemporain de sa comparution devant la commission McCarthy (la préparation du film est antérieure à cette comparution, la réalisation est postérieure, selon l'excellent volume d'entretiens avec Michel Ciment, *Kazan par Kazan*, chez Stock). On peut s'étonner qu'un homme, simultanément, fasse une œuvre si stalino-humaniste et d'autre part dénonce ses amis stalino-humanistes. On a tort : l'une et l'autre choses relèvent de la bassesse précautionneuse. *Viva Zapata* est mis en scène de manière étonnamment académique, synthétise platement l'hollywoodisme et le mosfilmage, enfile côte à côte les interrogations intimistes (le pouvoir, grosse malheur, est-ce que la violence sont-elles inéluctables et ainsi de suite, sans compter l'aspect qui regarde le sentiment et les *strabismes de passion* de l'armata brandoléon), et les scènes de grosse figuration par où tout ça est dovjenkoïde quelque part et un seul héros :

le peuple, d'où découlent de nombreuses considérations. Au reste il y a des beaux moments (dont bien sûr la célèbre fin, le géométrique flingage, le cheval symbolique se carapatant par monts et vaux). Mais quelle lourdeur ! Quelle prudence ! Quel sérieux ! Quelle misère ! Comme je trouvais ça beau quand j'avais dix-sept ans (on est sérieux quand on a dix-sept ans et qu'on est con) !

Enfin, bon, je vous donne notre sentiment, pas des conseils, et pas non plus des machins qu'on pourrait raisonnablement appeler une analyse. Vous êtes des grandes personnes. Et puis même.

Charlie hebdo n° 544
(15 avril 1981).

Akira Kurosawa

Sabreurs réunis

Le truc à voir dare-dare, surtout qu'il est sorti depuis un moment, c'est bonnement *Les Sept Samouraïs*, version intégrale, pour deux raisons notamment : 1° ce n'est plus le même film, vu qu'il est deux fois plus long ; 2° c'est le même film.

Le même film : c'est-à-dire non seulement qu'il est superbe, on ne va pas revenir là-dessus, mais c'est-à-dire aussi que l'idée du film, son centre, se trouve partout en lui, au point que les distributeurs avaient pu couper plus d'une heure et demie sans réussir à le détruire.

Pas le même film : ce n'est pas du tout seulement un western japonais, une aventure mouvementée si bien construite au point de vue de l'action que même un tâcheron pouvait la transposer au Mexique et avoir un grand succès. C'est aussi un grand drame historique (y compris social, donc). La fameuse réplique, vers la fin, « Ce sont les paysans qui ont gagné, pas nous », reprise par Yul Brynner dans *Les Sept Mercenaires*, n'est pas l'éloge du labeur glaiseux qu'elle pourrait être, et qu'elle est devenue chez Sturges, s'opposant de façon moralisante au triste destin professionnel du *ronin* ou du pistolero, professionnellement destiné à se faire buter à son tour, aussitôt qu'il sucrera les fraises, et faute d'avoir planté. La victoire des péquenots et la prochaine disparition des ronins sont historiques. Au Japon comme ailleurs (à des conditions diverses), la suppression du mode de production féodal passe notamment par la réforme agraire. Lorsqu'elle se réalisera en fait (au Japon et ailleurs : par exemple à la fin du XVIIIe siècle en France), il ne s'ensuivra pas le bonheur des paysans, mais c'est une question qui tombe en dehors des préoccupations de Kurosawa. *Les Sept Samouraïs* se déroule d'ailleurs au XVIe siècle, bien avant que le mode de production féodal soit supprimé au Japon. En tout cas les sept guerriers féodaux, en prenant le parti des paysans, travaillent à leur propre liquidation historique : par idéal chevaleresque, ils aident à supprimer l'ordre féodal, c'est-à-dire aussi bien la chevalerie dont ils sont, comme les méchants brigands, des débris. Voilà qui fait très bon ménage avec le goût de Kurosawa pour Shakespeare, l'un et l'autre cherchant la Raison dans le chaos des intérêts particuliers et des idéologies ou autres idéaux. Beaucoup de ce qui avait été coupé jadis dans *Les Sept Samouraïs* et est restitué à présent situe socialement (y compris historiquement, donc) l'action et ses agents. C'est ainsi que l'ouvrage possède sa vraie grandeur.

Quant aux travellings, vous êtes déjà au courant.

Charlie hebdo n° 523
(19 novembre 1980)

Nicholas Ray & Wim Wenders

Une mort dans la famille

Le 11 septembre 1962, Nicholas Ray s'effondra sur le plateau des *55 Jours de Pékin* (le film fut terminé par l'oiseux Guy Green, et par le subalterne Marton pour les scènes de bataille). Ayant rendu visite à Ray à l'hosto, Charlton Heston note le 15 septembre dans son journal : « *He looks... not bad, really, but* quelled, *somehow.* » Le mot *quelled* est imparfaitement traduisible, parce qu'il désigne à la fois l'écrasement et le calme qui suit l'écrasement.

Plus tard on vit Ray errer à travers l'Europe avec des projets inaboutis, ôter paisiblement tous ses vêtements tout en répondant à une interview filmée, sortir un flingue de ses bagages en apprenant que le Quartier latin se couvrait de barricades, accepter une besogne dans un film à sketches orchestré par un épicier dévergondé, vomir dans la Seine au petit matin, ronfler sardoniquement aux projections d'un festival ibérique où il était juré, et ainsi de suite. Les derniers temps il était de retour aux États-Unis, il faisait des conférences, il enseignait, il avait amis, disciples, élèves, avec qui il tournait même, un truc expérimental, une tentative pénultième et désordonnée

(We Can't Go Home Again) où déjà il mettait en scène sa mort suicidaire.

Au reste on sait son œuvre : pas seulement *Johnny Guitar* ni *La Fureur de vivre*, mais une bonne quinzaine d'autres films où la perpétuelle bagarre entre l'industrie hollywoodienne et l'auteur convulsif et défaitiste aboutit miraculeusement. Pour l'instant vous pouvez revoir *Party Girl* (Traquenard) qui ressort, bon exemple de cet aboutissement qui est aussi un compromis, mais inamical : en même temps c'est un film hollywoodien, et même un film de genre (un film noir) ; en même temps c'est tout à fait autre chose, et un film d'auteur ; l'indécrottable et discrète veulerie du bellâtre Robert Taylor n'a sans doute jamais été si bien utilisée que dans cette histoire de rédemption par l'amour – de même que la rédemption par l'amour, ce cliché romanesque et hollywoodien, n'a été utilisée par personne comme elle l'est par Ray l'écorché (pas seulement ici mais dans presque tous ses films), qui rêvait d'une île.

Les derniers temps, le cinéaste avait un cancer du poumon qui gagna le cerveau, et il rêvait toujours d'une île, ou du moins d'un film où l'on part pour la Chine, à la recherche d'une racine qui guérit le cancer, et pour la jonque du film il a voulu des voiles rouges, elles ont coûté cher et l'argent manquait. Dans *Nick's Movie : Lightning over Water*, Wim Wenders et Ray filment ces derniers temps de Ray, cette jonque, des conversations, une conférence, l'agonie de Nick Ray. Des prises de vues en 35 mm alternent avec de la vidéo. Des anecdotes et des propos enregistrés à l'état brut alternent avec des fragments reconstitués, mis en scène. Le « documentaire » sur le cinéaste près de mourir est ponctué de commentaires que tiennent, à bord de la jonque enrubannée de pellicule, les survivants endeuillés.

Le lien de Wenders à Ray est multiple : cinéphilique (Wenders a d'abord connu du cinéma les films hollywoodiens – voir son interview et ses notes dans *Positif* de novembre) ; professionnel (Ray interprétait l'artiste faussaire de *L'Ami américain*) ; privé, passionnel et filial (et le rapport filial est chez Ray une chose violente à l'extrême, dans ses films – *cf. La Fureur de vivre* mais aussi *Run for Cover*, etc. – et pas seulement dans ses films). *Lightning over Water* pourrait aussi être qualifié, avec une brutalité bornée, de film sadomasochiste, où Ray force Wenders à le filmer *au bout du rouleau*, cabot qui crève, dernières volontés, *cut, don't cut, cut*...

Wenders prit la fuite un moment, laissant son monteur Peter Przygodda achever la mise en forme ; puis il a modifié le montage, après la présentation à Cannes, car « Une chose était sûre : ce film n'était pas fini, donc ne reposait pas en paix, donc ne me laisserait jamais reposer en paix ou tout au moins ne me laisserait jamais tranquille si je le maintenais dans l'état où il était » (Wenders, *in Positif* de novembre).

Je crois que je vais arrêter ce compte rendu ici.

Charlie hebdo n° 524
(26 novembre 1980)

John Cassavetes

John Cassavetes – d'autre part excellent comédien de théâtre, de télévision et de cinéma – en est, avec *Gloria*, à son dixième film comme réalisateur. Il a souvent fait savoir que sa carrière d'acteur lui servait surtout à financer ses propres ouvrages, qui sont généralement réalisés dans des conditions de semi-amateurisme communautaire : avec peu d'argent, et beaucoup d'amis et de parents (non seulement sa femme Gena Rowlands, mais aussi bien sa mère, sa belle-mère, etc.). Voici une douzaine d'années, une émission filmologique de la télé française voulait faire voir, grâce au montage parallèle, comme cet homme avait fâcheusement changé, entre une interview détendue donnée pendant le long tournage de *Faces*, et le turbin cravaté et promotionnel accompagnant le lancement de *Rosemary's Baby*. Il faudrait revoir ce reportage malveillant et erroné ; on constaterait qu'il saisit la vérité *à l'envers :* pendant la promotion de *Rosemary's Baby*, Cassavetes se conduit très professionnellement en demi-star, et il s'emmerde comme un rat mort, en attendant de retourner aux choses sérieuses et de redevenir ce qu'il est – le cinéaste de *Faces* (et des films d'avant, et de ceux d'après), amical, pensif, passionné et sans cravetouse.

De même l'intrigue de *Gloria*, et la pub adjacente donnent du film une idée inverse de ce qu'il est. Une nana à la coule, ayant recueilli de mauvais gré, après une tuerie mafieuse, un orphelin nanti d'un livre de comptes redoutable, fuit avec lui dans la jungle des villes, traquée par la pègre, contre qui elle n'hésite pas à faire le coup de feu (et comment !). Soit dit en passant, après la façon dont l'ascenseur s'est fait cribler, nous n'avons rien compris à la happy end. Sont-ce des retrouvailles au royaume des morts, ou est-ce que les étoiles ne meurent jamais, ou autre chose encore, ou tout ça à la fois ? Remarquez que peu importe, car justement ce n'est pas un *thriller*, il n'a pas besoin d'être tout bien cousu, c'est du Cassavetes et Cassavetes laisse toujours traîner des bouts de ficelle, surtout dans ses fins – et ici le passage au noir et blanc et la perruque qui tombe sont aussi comme la perche dans le champ à la fin de *Husbands*, tous les *Cassavetes movies* déconnent à la fin, justement parce qu'il leur faut prendre fin, ils sont comme un môme qu'on envoie se coucher et il n'en a pas envie.

Gloria est un Cassavetes qui cavale, monté court. À métrage égal, il y a sûrement ici davantage de plans que dans aucun autre Cassavetes (sauf peut-être ceux dont il n'a pas fait le montage final : *Too Late Blues* et *A Child Is Waiting*). Mais le style du cinéaste est toujours là. Ce style ne consistait donc pas à laisser tourner tout ou presque tout un chargeur de caméra sans couper, comme ça lui est arrivé assez souvent. De nouveau on sera donc tenté de supposer que la particularité de cet auteur est dans l'extrême attention qu'il porte aux êtres humains, et à leur quotidien, avec ses temps morts. (Et en effet, quoique *Gloria* soit monté court, le temps mort y reste abondant. Les explosions de violence y sont des chocs inattendus et stupéfiants, car les moments qui les précèdent ne sont pas organisés selon le *suspense*, ils ne préparent pas le choc violent qui suit. Par exemple, quand l'héroïne va trouver les mafiosi chez eux pour leur dire que ça va suffire, on la fait attendre un moment, et un peu plus tard il va y avoir de la violence ; mais pendant que Gloria attend, ce n'est pas le *suspense* qui se fait sentir, mais plutôt le mode de pensée et le mode de vie de ces mafieux : ce sont des Méditerranéens – comme le Grec Cassavetes – et des *machos*, et ils sont à table, et il est donc dans l'ordre des choses que la femme attende, pendant qu'ils sont à table, voilà le contenu de la scène, bien plus que quelque *suspense*.)

Toutefois l'attention aux êtres humains et à leur quotidien (et notamment à leur malaise et autre misère relationnelle qui semblent être un sujet de prédilection chez Cassavetes – *cf. Faces* encore, et *Husbands*, et *A Woman under the Influence*, et le reste) ne peut, seule, aboutir à un style, elle est plutôt le pont-aux-ânes du cinéma moderniste néonaturel et néovague que nous exécrons. La qualité de Cassavetes est bien plutôt de faire surgir de ces êtres et de ce quotidien ce qu'ils ont d'extraordinaire, d'anormal, d'excessif et d'aberrant. D'où sa dilection pour des comédiens qui sont quasiment des *clowns*. La bande à Cassavetes, ce sont des gens comme Peter Falk ou Ben Gazzara : ce sont les chargeurs réunis. Quant à Gena Rowlands, c'est une actrice si hystérique qu'elle pourrait d'un seul coup d'un seul envoyer au tapis, disons Susan Hayward, Giulietta Masina et Shirley Temple.

De même on sait que le *texte* des films de Cassavetes, qui paraît si souvent improvisé, ne l'est en réalité que très partiellement, et que c'est plutôt un processus d'épuration qui intervient entre le script de départ et le résultat final (sur ce point, on lira avec intérêt le volume *Faces*, Signet Film Series, 1970 – où le texte de départ et le résultat final sont publiés face à face). Et ainsi c'est bien le *director* John Cassavetes qui, tout en tirant le meilleur de ses proches, a fait ce qu'il a voulu et voulu ce qu'il fait. Et alors qu'on a pu le juger hâtivement cinéaste du quotidien et du temps mort, il a bien plutôt changé en leur contraire ce quotidien et ce temps mort, il les a rendus épiques.

C'est d'ailleurs pourquoi l'on pourrait soutenir que *Gloria* est un Cassavetes mineur. L'intrigue de *thriller* est inessentielle et fait en quelque sorte double emploi, quand le sujet véritablement *thrilling* est la gloire de Gloria, le récital Gena Rowlands, le portrait d'une force (et d'une forcenée), le *blason* d'une personne, *prêtresse par la bouche de qui parle le dieu splendide*, ou bien *sœur équivoque du destin*. Et ainsi de suite.

Charlie hebdo n° 530
(7 janvier 1981).

G.-W. Pabst

Autres restaurations

On est en plein remâchage, entre remakes et reprises, ça fait d'ailleurs dix ou vingt ans que ça dure mais c'est devenu de plus en plus visible ces derniers temps, des mecs pratiquant avec grand succès l'infantilisme et l'archaïsme enrichis – *Star Wars*, pierre de touche, n'est rien d'autre qu'un *serial* façon 1930, augmenté d'une somptueuse instrumentation – tandis qu'ailleurs des circuits de distribution se changent entièrement ou partiellement en cinémathèques. On a déjà dit tout ça ; eh ! nous avons aussi le droit de rabâcher.

Et, bref, côté musée, voici plein de petits Pabst, tirés par une locomotive : la copie restaurée de *La Rue sans joie*. Bon travail. On sait que Pabst, cinéaste un tantinet rouge et un tantinet sulfureux, était régulièrement victime de diverses coupes censurantes, variables selon les pays. De studieuses artisanes (Françoise et Catherine Gaborit) ont collationné les copies diverses pour aboutir à une reconstitution intégrale et définitive. La sonorisation (*i.e.* musiquette) est à peu près aussi agaçante que sur les deux épisodes du premier *Mabuse*, mais pas davantage. Il y a Asta

Nielsen et, *of course*, Garbo déjà somnambulique et prête à tomber à tout instant. L'intrigue, touchant la prostitution des filles déclassées par le désordre social et monétaire de l'après-guerre (1re) viennois, et sa forme (éclairages contrastés sur des trognes étonnantes) se rattachent à l'expressionisme réaliste (si je peux me permettre) et critique, disons George Grosz pour faire vite, on ne va pas s'éterniser sur cet objet car il a déjà suscité des tonnes d'analyse dans toute espèce de publications et d'encyclopédies. À côté de ça, on reverra aussi avec intérêt *Quatre de l'infanterie* et *La Tragédie de la mine*, excellents témoins de l'esprit du temps, films pour ainsi dire kominternistes sur les bords, contre la guerre impérialiste et pour l'internationalisme prolétarien, *right on, man*, c'est bien éclairé, ça touche, ça aussi a suscité des tonnes de commentaires. Que *Salonique nid d'espions*, en revanche, soit creux et purement kitsch, quoique éclairé pareil, signale bien ce que Pabst devait à *son temps*. En 1936, il a fini de flamber, il brasille seulement, comme dans *Le Drame de Shanghai* que nous avons pu voir naguère à la télé un lundi après-midi, bientôt après il rentrera en Allemagne pour y donner d'apolitiques tours de manivelle, il est minuit dans le siècle et *nobody is perfect*, tout ça.

Charlie hebdo n° 537
(25 février 1981)

Péché mortel – **John Stahl**

Le fœtus est dans l'escalier

Le film à voir la semaine dernière (mais ça reste valable celle-ci), c'est l'ahurissant *Péché mortel* de John Stahl, qui date de 1945. Triomphe du mélo, triomphe du Technicolor primitif (Shamroy fait l'image, et la redoutable Natalie Kalmus en gouverne l'étalonnage et tout ça – c'est-à-dire qu'elle est la *Technicolor consultant*, le résultat laisse pantois). Difficile de décrire l'objet sans en narrer le scénario, accumulation de poncifs « dramatiques » issus du « romanesque-sentimental » pour jeunes filles pauvres et ménagères frustrées. Ça inclut deux histoires d'amour, dont une entre le mec et sa belle-sœur, et un frère infirme, et un assassinat, et un avortement célèbre (car c'était une infraction majeure au code Hays de moralité cinématographique) pratiqué à l'aide d'un escalier, et un suicide, et un procès (dans lequel le procureur est mû non seulement par sa fonction, mais par des passions personnelles), et une île, ce qui implique de l'eau et des couchers de soleil. Un tel *maxiburger* ne peut évidemment être construit qu'en flash-back, ce qui, le ketchup aidant (celui de Shamroy et Kalmus, s'entend), contribue à faire de cet ouvrage un repas complet dans un pain rond. Toutefois Cornel Wilde ressemble davantage à une entrecôte qu'à du hachis. Gene Tierney est Gene Tierney, on en meurt ou on en reste idiot, je le sais, je l'ai pas eue. Jeanne Crain est un cageot et joue comme une patate, on est habitués. Vincent Price est là dans sa première carrière, quand il ne faisait pas explicitement du cinéma d'épouvante, se contentant de prendre l'air intense (à vrai dire, son numéro de férocité *speed* en procureur est très comestible). Le reste du personnel est bien aussi (Jo Swerling à l'écriture, Alfred Newman à la musique, vous voyez la bête).

Stahl, dont la réalisation est « léchée » – c'est-à-dire en vérité qu'elle est fonctionnelle, et cet homme un fonctionnaliste –, est mort cinq ans plus tard, c'était un vieux routier et un spécialiste du mélo, il avait été le premier à tourner *Back Street*, et *Mirage de la vie* (refait par Sirk), et *Le Secret magnifique* (refait par Sirk aussi) ; c'est lui qui a dirigé *Les Clés du royaume* avec Peck, que vous avez pu voir à la télé voici un petit moment – mais la diffusion télé était froidement mutilée d'une heure entière, le film était détruit de ce pas ; efficace maître d'œuvre, Stahl est très représentatif, y compris dans ses limites et dans son orientation kitsch, de la nature et la fonction du cinéma hollywoodien. *Imitation of life*, en vérité ! Mais imitation qui remplace la chose même. De même « un repas complet dans un pain rond » veut remplacer, et remplace effectivement, ce qu'était réellement, autrefois, un repas. La représentation de la plénitude est la définition du manque. Puis un charme est venu s'accrocher à des ouvrages comme

Péché mortel, parce qu'à présent la représentation de la plénitude est devenue plus difficile, elle se dégrade. L'autre jour, comme dans *Péché mortel*, une femme enceinte est tombée dans un escalier, sur le tube des téléviseurs : c'était dans la série *Dallas*, où revit toute la mélodramatisation hollywoodiste, mais dans l'état qu'elle doit atteindre, à présent : le gâtisme.

Peut-être y a-t-il un rapport, en fin de compte, entre le film de Stahl et le bouquin de Browning et Gerassi. Je veux dire : à part le fait qu'on n'imagine pas deux objets qui n'auraient strictement aucun rapport entre eux. Entre le film de Stahl et le bouquin de Browning et Gerassi, je veux dire qu'il y a un rapport direct : ils sont du même temps. Quoique le bouquin soit plus moderne. D'ailleurs, *La Semaine de Charlie* est plus moderne encore. Et d'ailleurs, moi aussi. (Sur ce point, lire le petit pamphlet *Fin du situationnisme paisible*, Institut de préhistoire contemporaine, BP 20-05 Paris, 4 francs, ou dans les bonnes librairies.)

Cette semaine-ci (la vôtre) devraient surgir deux reprises autres que le Stahl, et de la première qualité, les films américains de Fritz Lang *La Cinquième Victime* et *L'Invraisemblable Vérité*. L'un et l'autre sont évidemment remarquables. Le second, grâce à un scénario étonnamment vicieux (un mec accumule des indices contre lui-même pour être jugé coupable, et révéler ensuite qu'il ne l'est pas et que les témoignages sont fragiles, mais simultanément, à l'insu des « complices » humanistes et bien intentionnés de cette démonstration spectaculaire, il commet effectivement un crime), est d'une hauteur de vue plus immédiatement manifeste que le premier (qui est un *thriller* sur un tueur psychopathe et le pouvoir de la presse). Cependant, ces très brefs résumés des intrigues suffisent à montrer comme les deux films sont complémentaires, quant à leur sujet. Quant au filmage, les recadrages discrets, dans la scène de bar de *La Cinquième Victime*, sont une des choses qui m'ont toujours fait mordre la moquette. Je ne sais si on en reparlera. Lang est un mec dont je n'arrive pas à parler. Et le fait même des reprises, de toutes les reprises, est une horreur (toujours cette histoire du temps qui passe et de la façon dont des ouvrages peuvent être *empaillés* du coup). Enfin, nous verrons. À tantôt.

La Semaine de Charlie n° 10
(16 juillet 1981).

Claude Miller

La vie des rats

Claude Miller est peut-être le plus intéressant et le plus solide des cinéastes français qui sont apparus dans les années 70. Après la fortune critique et le succès public de *La Meilleure Façon de marcher*, l'insuccès de *Dites-lui que je l'aime* était regrettable, et plus regrettable encore l'avortement de *La Java*, un beau scénario plein de costumes et de mouvements du cœur, lorgnant du côté de Renoir, et qui n'a pu se faire.

Pour *Garde à vue*, en adaptant un polar anglais psychologique et civique, en prenant Audiard et des comédiens de poids, Miller a l'air de vouloir *assurer*, comme disent les jeunes et les alpinistes. Mais il y a la manière, c'est-à-dire un auteur. La direction d'acteurs tire le meilleur des interprètes, et Miller tire aussi le meilleur de son dialoguiste, lequel a laissé tomber la rhétorique rigolo-populiste pour renouer avec la sauvage vachardise de sa première période. Partant d'un bouquin glauque mais barbant, Miller garde le glauque. À l'image, c'est Nuytten, et un décor dingue : les murs verdâtres, passe ; les vitres violacées, fallait le faire. Du côté de la thématique (coucou ! la voilà), l'amateur de Patricia Highsmith et d'ambiguïté se défonce : « le cœur de l'homme est creux et plein d'ordure », dirait Genet. Quant à la mise en scène, si l'on entend plus particulièrement par là le travail de la caméra, elle traque son monde. Dans cet interrogatoire à huis clos, nib de champ-contrechamp bonasse. Tandis qu'on cadre l'un, puis l'autre, puis de nouveau celui-là, et encore celui-ci, il nous a semblé que jamais le même cadre ne se répétait. Ça n'est pas forcément vrai, il faudrait revoir le film méticuleusement. Mais c'est l'impression qu'on a. Comme si, à l'intérieur du lieu clos, se déroulait un itinéraire, une poursuite, et c'est bien ce qui se passe, d'où vient qu'on ne se baigne jamais deux fois dans le même angle. (Voyez aussi, élégance explicite plutôt que coquetterie, l'ébauche d'évasion de Serrault, et comment l'espace autour de lui est un labyrinthe où se rejoignent tous les chemins : quoique le cinéma ne soit pas un langage, Miller a filmé là, bel et bien, une expression : *fait comme un rat*.)

Toutefois, comme le note un personnage à propos d'une tartine, « ça a l'apparence du caviar, ça a le goût du caviar, ça a même la couleur du caviar, pourtant ce n'est pas du caviar ». Il ne s'agit en effet que d'un fait divers. À le creuser jusqu'à l'os, avec un matériel extrêmement *fiable*, Miller n'atteint à coup sûr que la profondeur, non la grandeur. Mais ceux qui pensent que c'est la même chose seront très satisfaits par cet ouvrage.

L'Hebdo Hara-Kiri n° 12
(7 octobre 1981).

Dernière chronique

*Remarques
pour l'enterrement d'une momie*

Tout le journalisme et les autres moyens d'information modernes ont pour but la dissimulation de la vérité, parfois par le mensonge pur et simple, et généralement par le bavardage inepte. (J'en ai fait personnellement la vérification expérimentale partielle : devant vivre de ce que j'écris, j'ai publié dans *Charlie hebdo* cent articles de critique cinématographique ; et j'ai toujours pris soin – sauf s'il s'agissait de reprises – de rédiger AVANT d'avoir vu le film ; et le plus souvent je n'ai pas non plus vu les films après ; et plusieurs de mes pairs ont loué mes bons jugements, et d'autres ont souhaité polémiquer avec moi ; et en effet, sur le terrain du bavardage inepte, je les avais égalés sans grand mal.)

Charlie hebdo, sous ses divers titres, avait été un haut lieu du bavardage inepte le plus moderne : celui qui agite éclectiquement presque tous les fragments de la vérité, et qui fait passer ce champ d'épandage pour la vérité non fragmentaire, effective. On y trouvait finalement toutes les rébellions partielles : féminisme et machisme, écologisme, néostalinisme, autogestionnisme, antimilitarisme, terrorisme rouge, humanisme poético-gandhiste, défense des torturés, des emprisonnés, des chômeurs, de la langue française, de la langue verte, et même des ratons laveurs, j'en oublie – tout cela chapeauté par la casquette qualunquiste d'un philosophe de café du commerce (moustachu), et tenu à bout de bras par une casquette en peau de fesse (si j'ose dire), un louche ex-sous-off de la coloniale, montant sauvagement les coups les plus tordus, et adepte de l'hédonisme cyrénaïque dans toutes ses déterminations y compris le champagne et le scotch.

La disparition de *Charlie hebdo* est donc une bonne chose. Les gens ont commencé de se désintéresser du bavardage inepte. Les lecteurs se sont supprimés, sachant qu'ils ont maintenant autre chose à faire que lire des conneries. Cette suppression commence par les plus intelligents. Les lecteurs de *Charlie hebdo* étaient des cons plutôt moins cons que d'autres : ils l'ont prouvé justement en cessant de lire ce journal. Ce progrès va se poursuivre. Dans l'émission de télévision *Droit de réponse*, le soir du 2 janvier, la placidité inégale des journalistes invités s'explique ainsi : elle était proportionnelle à la niaiserie de leurs lecteurs ; et les débatteurs les plus olympiens ont donc été ceux que les progrès de l'intelligence ne menacent pas encore dans leur gagne-pain.

Pour accepter de paraître dans cette émission, il aurait au moins fallu comprendre cela, et le dire. Mais le dire était impossible. Aucune vérité n'a jamais pu être dite à la télévision qui ne soit aussitôt noyée sous un flot de bavardage professionnel qui la fait oublier. Et l'émission *Droit de réponse* se donne explicitement ce but : noyer quelques vérités sous un flot de bavardage professionnel. La nouveauté de Polac, c'est sa modernisation du mensonge. Son insolence, qui prend peur devant quelques gros mots et une petite rixe, est seulement l'insolence de l'insolent mensonge.

Les moins niais des invités de ce soir-là ont jugé que, bordel pour bordel, paraître à la télévision ne pouvait avoir d'utilité que « promotionnelle », accompagnée du plaisir indéniable de foutre la merde. Et il s'est aussi passé ceci : quand on crie à la télévision « Je vous hais » et des gros mots, quelque chose cesse d'appartenir au bavardage inepte, et le téléspectateur, dont l'esprit et la vie sont réellement ponctués de haine et d'insulte, entrevoit spectaculairement l'état de guerre qui lui est familier.

Toutefois ces brusqueries, qui auraient dû se donner le but de détruire cette émission, l'ont bien plutôt sauvée. Le scandale, quand il est médiocre, renforce ce qu'il voulait affaiblir.

Cavanna et Caster ont tenu ensuite à se situer. L'un se désolidarise des « alcoolos » ; l'autre ne veut pas être amalgamée à des « fous-dingues ». Celle-ci a donc choisi son véhicule, le fourgon sanitaire de police secours ; et celui-là a enfin proféré son ultime réflexion philosophique : on peut rester passif après une bonne bière.

Tous les journalistes sont des menteurs et des putes. Ils sont professionnellement obligés de mépriser leur travail, leurs organes, et de se mépriser eux-mêmes en permanence. Il n'est pas réellement important d'établir une distinction entre ceux qui, l'autre soir, ont manifesté convulsivement ce mépris, et ceux qui, par leur placidité apoplectique, ont montré qu'ils ne sont pas en conflit avec leur propre nature.

L'auteur tient à remercier les bières Guinness, Spaten et Gueuze Lambic, sans le précieux concours desquelles il n'aurait pu exercer le métier de journaliste pendant presque deux ans (août 79-juillet 81).

Et puis, chers lecteurs, *See you in hell*, comme ils disent à la fin d'*Elmer Gantry*.

À jeun, le 6 janvier 1982
Jean-Patrick Manchette

Charlie hebdo n° 581
(11 janvier 1982).

Le polar : littérature et cinéma
Entretien avec Jean-Patrick Manchette
Par Clarisse Cartier

Les romans de Manchette développent une vision terriblement noire d'un monde qui court à sa perte. À l'écran, ce pessimisme désespéré se trouve quelque peu arasé par les conventions du genre, et c'est pourquoi l'auteur – qui a pourtant, tout jeune, voulu être scénariste et n'a d'abord écrit des romans que dans l'espoir d'accéder au cinéma par ce chemin détourné ! – ne croit plus beaucoup aujourd'hui aux possibilités d'expression audiovisuelle. Aussi, son analyse décapante éclaire-t-elle avec une sèche lucidité rapports et spécificités de l'écrit et de l'image.

– **Comment avez-vous débuté dans le cinéma ?**

J'ai abandonné les études d'anglais commencées après le bac : marié, un fils, cherchant un travail attrayant et pas trop irrégulier, je me suis mis à écrire parce que c'était la seule chose que je croyais savoir faire, parce que j'étais un peu cinéphile et parce que l'occasion se présentait. Ma femme, scripte, connaissait quelques apprentis-cinéastes. J'ai écrit pour eux ou avec eux. Ça n'a rien donné qu'un court métrage et quelques ébauches, mais j'ai commencé à connaître des gens mieux établis qui proposaient parfois des travaux plus solides. Je suis devenu un spécialiste du synopsis pour deux ou trois réalisateurs : Jean Valère, Léonard Keigel, etc. J'ai écrit deux films pour Max Pecas qui faisait à l'époque du cinéma dit sexy : quelques seins nus, quelques râles d'extase, très *soft*, très fauché ; c'était avant la libéralisation de la pornographie. Enfin, j'ai participé à la troisième série du feuilleton télévisé *Les Globe-trotters*. Je n'arrivais pas à collaborer à autre chose qu'à des œuvrettes ou des projets avortés. Ce n'était pas un mauvais apprentissage, mais il ne débouchait sur rien de mieux que cette situation de soutier de l'écriture. Les scénarios que je faisais de ma propre initiative étaient toujours refusés par les producteurs, qui probablement ne les lisaient pas car ils me les ont achetés plus tard...

Bien entendu, j'ai aussi essayé la commission d'Avance sur recettes, et j'en ai eu une, importante, sur un projet mais le film s'est fait dans de mauvaises conditions : il a été raté et jamais distribué. Bref, ça n'avançait pas.

Entre-temps, cinéphile ou pas, j'avais commencé à donner dans l'écriture de livres, par hasard, parce qu'on m'avait embauché pour *novéliser* la troisième série des *Globe-trotters*. D'où nouvelles connaissances, et nouvelle ribambelle de petits travaux : prières d'insérer, novélisations, rewritings, et j'ai aussi fait le nègre (je veux dire *ghost writer)*. Ça continuait d'être du boulot de soutier. Je me rappelle avoir allongé un livre écrit par quelqu'un d'autre et signé par une troisième personne.

Et puis, je me suis rappelé que je savais non seulement un peu le français, mais un peu d'anglais aussi. Comme OS de l'écriture, j'étais somme toute assez bien placé pour demander à faire des traductions. On m'en a donné, j'ai bossé convenablement, on m'en a redonné, et ça a été capital. Parce que avec un revenu presque régulier, au lieu de courir sans arrêt pour trouver un coup, j'ai eu le temps d'exécuter un projet prétentieux mais simple. J'allais écrire des romans pour la Série Noire, notamment à partir de mes scénarios originaux refusés ; j'allais être publié ; j'allais impressionner les producteurs de cinéma en leur apportant mes livres, édités et diffusés, et non pas des résumés dactylographiés ; du même pas, j'allais être engagé comme scénariste. Au bout d'un an ou deux et de trois ou quatre livres, cette espèce de plan de bataille a si bien fonctionné que j'ai parfois du mal à me rappeler comme les choses ont été difficiles auparavant, pendant quelques années.

En tant que scénariste,
mes goûts premiers vont au polar

– Pourquoi vous êtes-vous spécialisé dans le polar ?

J'aime ça et, du point de vue du cinéma, c'est un des genres les plus faciles à pratiquer, parce qu'il y a *a priori* une ligne dramatique forte et parce que c'est contemporain, qu'il s'agisse des décors et costumes ou de la psychologie des personnages. J'ai pourtant écrit autrefois l'histoire d'un groupe de cavalerie, pendant la guerre de 1870, qui déserte lors de la capitulation de Metz, tente de rejoindre l'armée républicaine (et Garibaldi) dans la vallée du Rhône, échoue, et finit par passer les Alpes pour se réfugier en Suisse, avec, à sa tête, un sous-officier de métier qui adule les chevaux et méprise les hommes – de sorte qu'il sacrifie ses hommes pour sauver les chevaux, et qu'à la fin son « amère victoire » est d'avoir perdu ses hommes mais de pouvoir atteler ses chevaux au chariot d'un bordel ambulant embourbé dans la montagne. J'aurais pu écrire le bouquin, mais le budget d'un film pareil suffit à faire fuir la plupart des producteurs. À quelques honorables exceptions près, les producteurs, bien qu'ils aiment le cinéma, veulent faire du fric. Et moi, pour autant que je m'intéresse encore au cinéma, je dirais comme le vieux détective de *The Late, Late Show* (de Robert Benton) : « *Je joue avec la banque.* »

Au fait, cette histoire de cavaliers en 1870 est pour ainsi dire un western. Mon enfance a été nourrie, au cinéma, de films d'action américains, c'est-à-dire de westerns et de polars. Randolph Scott était pour moi le plus grand acteur du monde. Gary Cooper venait loin derrière. J'ignorais l'existence de Fred Astaire. *La Captive aux yeux clairs* était mon film favori (au point qu'à l'âge de quarante-sept ans j'ai interrompu définitivement ma lecture des mémoires de Kirk Douglas quand j'y ai trouvé des détails triviaux sur les préférences sexuelles de l'héroïne – je veux dire de l'interprète du rôle féminin).

Quoi qu'il en soit, mes goûts pour le cinéma ont été formés par des films de Hawks, Walsh, Ford, Fuller, etc., dont je ne remarquais d'ailleurs nullement le nom à cette époque. En tant que scénariste, mes goûts premiers vont donc au polar et au western, mais je sais que je ne peux pas écrire des westerns pour la production française. Je suis donc un auteur de polars.

À partir d'une cinéphilie plus tardive, et à partir aussi d'une existence que je n'ai certes pas passée exclusivement à regarder des films, je suis sans doute capable d'écrire bien autre chose que des films policiers. Mais je suis catalogué, personne ne viendra me chercher pour travailler sur une comédie sentimentale, à moins que je fasse un livre de ce genre. À considérer l'état du cinéma mondial, je n'ai nulle envie de me fatiguer pour m'y ouvrir un autre créneau.

– En général, d'où vient votre inspiration ?

Je pars d'une idée abstraite, je mets la chair – l'histoire anecdotique – ensuite. Je n'ai pas le sentiment qu'il soit difficile d'inventer des histoires. La question est de trouver une idée, un thème – certainement pas une « thèse » ! – qui engendre l'histoire et qui soit pertinent. Si on n'a rien à dire, on se tait. Il y a dix ans que je n'ai pas publié de livre parce que je n'avais rien à communiquer au public qui me semble pertinent. J'en écris un en ce moment parce que j'ai de nouveau quelque chose à communiquer. Le reste du temps, je fais des traductions. Je préfère les travaux obscurs et subalternes aux interventions inutiles.

Nada, par exemple, c'était d'abord l'idée abstraite d'une critique du terrorisme, qui n'était pas neuve mais qui était redevenue actuelle. L'intrigue et les personnages sont venus ensuite, en puisant dans les archétypes de l'histoire de gangsters mais en changeant le milieu, les caractères, les motivations, etc.

– Lorsque vous écrivez un scénario, de quelle manière travaillez-vous ?

Je n'écris guère que des adaptations, mais je fais comme pour les romans : dans le texte à adapter, je cherche l'idée, je tâche de la développer. Si certains segments de l'histoire, même bons, n'ont pas de rapport avec l'idée, je n'hésite pas à les chambarder, ou même à les éliminer. On obtient alors une construction bien cohérente, j'espère, et puis on dialogue.

Le romancier a fait son roman.
Le cinéaste fait son film.
Si je travaille sur un film,
je suis au service du cinéaste

La construction engendre des rebondissements nouveaux ; on recommence ; les versions se succèdent, parfois il y en a beaucoup...

– Lorsque vous faites une adaptation, vous souciez-vous beaucoup de respecter le roman ou le scénario original, ou bien écrivez-vous le scénario du réalisateur ?

Je piétine sans scrupules l'auteur du texte original. Je trouve tout aussi normal qu'on lacère mes romans en les adaptant, si le cinéaste a besoin de les lacérer pour aboutir à son idée à lui. Le romancier a fait son roman. Le cinéaste fait son film. Si je travaille sur un film, je suis au service du cinéaste.

– Écrivez-vous facilement ou avez-vous besoin de beaucoup de temps ?

Il me faut du temps. J'ai eu le bonheur de travailler, en général, avec des gens qui avaient aussi besoin de beaucoup de temps. Je crois qu'il faut souvent un an pour faire un bon script. Je ne suis pas le seul à le penser, heureusement ! Certes il m'est aussi arrivé de faire un bon travail en trois mois, mais c'est un genre d'état de grâce sur lequel on ne peut pas compter régulièrement.

– Vous est-il arrivé de mener plusieurs écrits de front, romans ou scénarios ? Quels problèmes cela pose-t-il ?

J'évite ! Ça me paraît infernal. De temps en temps, on m'a rappelé sur un film, pour d'ultimes perfectionnements, alors que j'étais passé à autre chose, et j'ai trouvé ça invivable. Je cohabite entièrement avec un ouvrage, j'y pense quand je descends chez le boucher, j'y pense en dormant : je ne peux pas cohabiter ainsi avec deux travaux.

– Considérez-vous que votre expérience de romancier vous aide dans votre travail de scénariste ?

Je connais certaines ficelles de romancier ; ça m'aide à repérer des passages jolis mais difficiles à adapter. Si, par exemple, un romancier, ayant peur d'un passage lent, ellipse un certain nombre d'événements pour tomber droit dans une scène d'action, puis raconte en flash-back ce qu'il a ellipsé, il va y avoir un problème ; en général on ne pourra pas filmer ça dans cet ordre-là.

– Écrivez-vous pour des acteurs en particulier ?

Pour un film, quand on connaît d'avance une partie de la distribution (ça m'est arrivé), c'est très utile bien sûr. Quand j'écris un roman, j'évite de fantasmer sur des distributions possibles, mais je m'amuse souvent à imaginer des distributions impossibles. Ça remplace les fiches : Untel est moustachu, Unetelle est brune, etc. C'est plus rigolo de se dire que le roman est interprété par Clark Gable et Debra Winger.

– Quelles sont vos réactions face au jeu des acteurs incarnant vos rôles ?

Assez souvent je les trouve trop lents. Mais ce sont les polars français que je trouve trop lents. Tout de même, de temps en temps, c'est spécifiquement l'acteur que je trouve lambin. Pour le reste, je pense les mêmes banalités que tous les scénaristes sur ce qu'un bon acteur apporte ou qu'un mauvais aplatit.

Avec la lenteur des films d'action français, j'ai toujours le même problème : mes scénarios font vingt minutes de trop, qu'il faut couper (de préférence avant de tourner !).

– Suivez-vous le film après avoir terminé le scénario ?

Je vais par courtoisie une fois sur le tournage. Par courtoisie aussi je n'y vais pas davantage. Les gens qui tournent n'ont pas besoin qu'un type désœuvré, dans un coin, soit en train de comparer ce qu'il voit et ce qu'il entend à ce qu'il avait imaginé. Depuis que j'ai secoué ma cendre de cigarette dans une coupelle de maquilleuse qui contenait les poils de barbe d'un personnage, je me suis dit que je ferais mieux de ne pas être là à faire des sottises.

– Pensez-vous que la succession de plusieurs scénaristes sur un même projet conduise à une amélioration progressive du scénario ?

Ça dépend. S'ils sont plus intelligents les uns que les autres, oui, sans doute. J'ai parfois été soulagé d'être remplacé, mais d'autres fois j'ai été furieux de quitter un sujet que je voulais développer dans une direction précise. Sur *La Guerre des polices*, deux douzaines d'écrivains se sont succédé, ou presque, mais j'ai eu une position très agréable : j'ai fait la première continuité dialoguée, et j'ai été rappelé pour la dernière finition. Le système des scénaristes multiples a bien fonctionné sur ce film, parce que, d'un bout à l'autre, il y a eu un patron qui savait ce qu'il voulait. Par exception, c'était la productrice, Vera Belmont, plutôt que le réalisateur Robin Davis. Celui-ci ne manque pas de maîtrise, mais pour cette fois-là, il avait très délibérément décidé d'être juste l'officier en second ; il considérait que c'était une expérience professionnelle utile.

– Votre regard est-il très différent selon que vous adaptez pour le cinéma un de vos romans ou bien l'œuvre de quelqu'un d'autre ?

Depuis longtemps, j'évite d'adapter mes propres romans. Quand je publie un roman, j'ai dit dedans ce que je voulais dire ; d'autres que moi seront mieux placés pour s'exprimer personnellement, en tant que scénaristes et cinéastes, à travers un film qui prendra mon roman pour base. Si j'adaptais un de mes romans, ou bien j'essaierais de lutter avec le cinéaste pour tenter de faire prévaloir ma vision (ce serait de l'insubordination caractérisée), ou bien je me sentirais en quelque sorte déchu, serviteur d'un auteur de films sur un sujet dont j'ai auparavant été l'auteur et le maître. C'est aussi pourquoi je n'écris à peu près jamais de scénarios originaux ; le problème serait le même, sauf à les vendre sans les adapter. Plutôt que scénariste, je suis presque exclusivement adaptateur-dialoguiste, dans le cinéma.

Je cesse d'être l'auteur de l'ouvrage quand mon roman devient film

À mes débuts, très brièvement, j'ai adapté mes propres romans parce que je ne m'étais pas encore rendu compte que j'étais heureux d'être romancier. Je pensais qu'un ouvrage ne se développait pleinement qu'en devenant un film, mais il me restait à m'apercevoir que je cessais d'en être l'auteur quand ça devenait un film.

J'ai compris dès *Nada*. Il est amusant de raconter que Chabrol m'a dit en substance : « *Ton bouquin, on peut le tourner tel quel ; on va le recopier en deux colonnes avec des numéros, je fais ça du début jusqu'à la page 100, tu fais la seconde moitié, on se retrouve lundi.* » Il m'a très gentiment accordé jusqu'au vendredi suivant parce que j'avais l'air un peu affolé. Le vendredi, on s'est retrouvés et les deux moitiés ont été empilées l'une sur l'autre, puis envoyées à la Roneo. Après lecture de l'ensemble, on m'a dit qu'il y avait vingt minutes de trop – c'était le début de ce qui est devenu une hantise, puis un *running gag*, dans mon espèce de carrière – et nous avons procédé, assis sur le coin d'une table, à une correction drastique. Toute séquence superflue allait directement au panier. Tout dialogue échangé en marchant à travers plusieurs décors superflus était renfermé dans un seul décor. Je schématise et je plaisante en partie, bien sûr, mais remarquez que de tels principes, derrière leur apparence je-m'en-foutiste, sont tout à fait rationnels et excellents. Chabrol, tout en paraissant léger, agissait en homme qui sait faire un film. Et au bout du compte, il y a eu un film de Chabrol, remarquablement proche du texte du roman, mais où c'était Chabrol qui s'exprimait. Je m'étends longuement là-dessus parce que j'ai été dessalé : j'ai abandonné l'idée qu'un film est une extension de mon roman. Et parce que je trouve aussi que l'apparente légèreté de Chabrol et sa fidélité au texte sont une élégance qui ne l'empêche pas d'être le maître de son ouvrage. D'autres ont été plus lourds et moins élégants. Du moins, ils l'auraient été si j'avais encore longtemps voulu me mettre dans la position d'adaptateur de mes propres romans.

– Quelles sont les difficultés particulières que comporte l'adaptation de vos romans, par rapport à d'autres ?

Sans doute le fait que certaines scènes ont l'air très cinématographiques, et se révèlent très difficiles à tourner, ou très coûteuses. Dans *Folle à tuer*, le roman comportait un incendie de Prisunic que les producteurs ont tout de suite été forcés de supprimer, parce que budgétairement c'était presque *La Tour infernale* (j'exagère à peine !), mais pour quatre ou cinq minutes de film. Dans le même ouvrage, un tueur a un pied arraché par un coup de fusil et continue à courir sur son moignon. Le metteur en scène, Yves Boisset, a trouvé que c'était bien joli à lire. « *Mais allez tourner ça !* » a-t-il dit.

– Êtes-vous satisfait des adaptations cinématographiques de vos romans ?

Je considère que mon jugement là-dessus ne doit pas avoir plus de poids que celui de n'importe quel spectateur. Chacun de ces films a un auteur, qui n'est pas moi. Je peux juger en tant que spectateur que Jacques Deray est moins personnel dans *Trois Hommes à abattre* que dans *Un papillon sur l'épaule*, mais je n'ai aucune autorité particulière en tant qu'auteur du roman dont a été tiré

Trois Hommes à abattre. Peut-être ai-je un peu de jugeotte particulière sur les films parce que je suis adaptateur de profession, c'est tout.

Bien sûr, quand on me dit que *Folle à tuer* ou *Le Choc* sont en tournage alors que le script n'est pas vraiment fini, je suis professionnellement choqué. Et quand je vois *Le Choc* devenu une comédie dramatique, je trouve que ce n'est pas le bon choix et que le roman aurait pu inspirer un film beaucoup plus dur et sombre. Mais de toute façon, dès lors que Delon incarnait le héros du *Choc*, j'étais bien persuadé que le personnage n'allait pas finir invalide et gâteux comme dans le roman, et ça ne me gênait pas.

– ***Vous jouez beaucoup sur les références : ne craignez-vous pas d'être peu compris par le grand public, sur ce point ?***

Il y a effectivement des hommages dans mes bouquins et parfois mes scripts, et en plus ils sont décalés, ce ne sont pas des citations. Dans *Le Petit Bleu de la côte ouest*, devenu le film *Trois Hommes à abattre*, par exemple, j'avais un homme traqué par des tueurs en rase campagne. Je ne pouvais pas ne pas penser à *La Mort aux trousses*, et j'ai fait une scène où un poste à essence explose comme le camion-citerne dans le film d'Hitchcock. Ce genre de choses est un plaisir personnel, et puisque ce n'est pas une citation, ça ne me donne pas une impression de plagiat. Quant au public, s'il ne pense pas à Hitchcock, il s'amusera au moins à voir exploser le poste à essence. Si un spectateur pense, en plus, à Hitchcock, tant mieux, il aura un sourire supplémentaire. J'aime que mes livres soient distrayants, qu'ils soient lisibles avec plaisir par des fanatiques de James Hadley Chase que je tiens personnellement pour des primates, mais aussi que des lecteurs plus cultivés et plus studieux y prennent davantage d'intérêt, parce qu'ils peuvent découvrir des couches successives de texte et d'image. La fameuse structure en oignon des ouvrages, dont il faut peler toutes les couches successives pour tout découvrir, j'essaie qu'elle soit totale, au point que, dans certains de mes romans, je crois qu'il n'y a que moi qui puisse peler totalement l'ouvrage.

Il y a une histoire de l'art cinématographique qui s'est à peu près achevée avec Citizen Kane

– Seriez-vous tenté de réaliser des films ?

À mes débuts, ça me semblait un aboutissement logique. Ensuite, je me suis trouvé très content d'être écrivain. Quand j'ai repensé à la possibilité de devenir réalisateur, j'ai constaté sur un autre terrain que je ne suis même pas capable de commander à deux personnes. Alors, une équipe de cinéma, impossible ! J'y ai encore repensé plus tard, mais là, j'ai trouvé insupportables les obligations économiques grandissantes qui gouvernent l'audiovisuel.

– Que pensez-vous du cinéma actuel ?

Essentiellement ça. Il est englouti par la machine économique. Il y a eu une histoire de l'art cinématographique qui s'est à peu près achevée avec *Citizen Kane*, et un peu prolongée dans des films marginaux et expérimentaux. Il y a eu des gens de goût, et intelligents, après Welles, dans l'industrie du cinéma, mais ils n'avaient plus grand-chose à inventer. Il y a encore quelques francs-tireurs dans l'industrie (Cassavetes a été le plus constant), mais il y a surtout une bouillie permanente. Le roman, d'ailleurs, après une histoire beaucoup plus longue, a sombré de la même façon. Si la majorité des gens continuent à regarder passivement la bouillie audiovisuelle et les historiettes imprimées, on va tous crever.

– *Estimez-vous avoir échoué dans certaines tentatives professionnelles ?*

À part la période d'apprentissage, j'ai la faiblesse de croire que je n'ai pas fait d'ouvrage franchement infect. Mais j'ai échoué en bloc, sur le terrain du roman, par rapport à l'espérance que j'avais d'effectuer, avec des collègues, un mouvement tactique qui aurait fait surgir des romans subversifs en plein milieu du dispositif ennemi, c'est-à-dire de l'industrie du divertissement, pour y appuyer le mouvement révolutionnaire qui s'est déployé dans la société en 68 et dans les années suivantes. C'était, dans son principe, une imitation de ce que les grands Américains (Hammett et autres) avaient fait en leur temps sur un autre théâtre. Mais l'intelligentsia française, dans les années 70, n'a pas résisté bien longtemps avant de proclamer que le roman noir national était une bonne marchandise. Quels que soient le talent et la vraie colère de plusieurs auteurs, le « néopolar » est alors devenu la spécialité de divers stalinotrotskystes, ultérieurement gorbatchévisés. Il n'y a plus rien de subversif chez ces gens. Toute l'opération a fini en récupération culturelle. Pour la part que j'y ai prise, ce genre de réussite est pour moi un ratage, même s'il en reste certains romans agréables à lire dans le train.

Il y a eu aussi quelques projets de films qui ont avorté. Mais là, c'était préférable.

Entretien paru dans
Les Scénaristes français
(1991),
CinémAction, hors-série

Les films préférés de Jean-Patrick Manchette

**Vers le milieu des années 1970,
Manchette avait dressé une liste de ses films préférés,
sous-divisée en quatre rubriques :
les films « tous genres », les westerns,
les films noirs et les comédies**

On peut en recommander la vision à tous les lecteurs de cet ouvrage, et même aux autres.

Tous genres confondus

Le Rebelle
Le ciel peut attendre
Seuls les anges ont des ailes
Chantons sous la pluie
La Nuit du chasseur
Fury
Le Fantôme de Mme Muir
Fenêtre sur cour
La Prisonnière du désert
Anatahan
Viva Villa
Citizen Kane

Westerns

La Prisonnière du désert
Les Deux Cavaliers

Les Cavaliers
Le Grand Passage
La Rivière rouge
La Captive aux yeux clairs
Pursued
Les Professionnels
Sur la piste des Mohawks
Rancho Notorious
Colorado Territory
Vera Cruz

Films noirs

Le Grand Sommeil
Quand la ville dort
L'Enfer de la corruption
La Dame de Shanghai
Scarface
Angel Face
Babyface Nelson
Les Bas-fonds new-yorkais
La Cinquième Victime
Fenêtre sur cour

Comédies

Sérénade à trois
La Garçonnière
Cluny Brown
I Was A Male War Bride
Dr Jerry et Mr Love
New York-Miami
The Philadelphia Story
Le Sport favori de l'homme
La Huitième Femme de Barbe-Bleue

Table

Préface	7
57 notes sur le cinéma	15
Première chronique	49
Louise Brooks	55
Roman Polanski	59
Fritz Lang	63
Alfred Hitchcock	71
Rainer Werner Fassbinder	79
Erich von Stroheim	93
Orson Welles	97
Cinéma italien	101
Le Style Warner Bros	111
Extase	115
Harry Langdon & Frank Capra	119
Howard Hawks	121
Ingmar Bergman	123
Jean-Luc Godard	125
Stanley Kubrick	127
Elia Kazan	133
Akira Kurosawa	135
Nicholas Ray & Wim Wenders	137
John Cassavetes	141
G.-W. Pabst	145
Péché mortel – John Stahl	147

Claude Miller 151
Dernière chronique 153
Le polar : littérature et cinéma 157
Les films préférés
   de Jean-Patrick Manchette 171

Mise en pages
PCA – 44400 Rezé

Achevé d'imprimer en avril 2015
sur les presses de Normandie Roto Impression s.a.s
à Lonrai (Orne)
pour le compte des Éditions Payot & Rivages
106, bd Saint-Germain - 75006 Paris
N° d'imprimeur : 1501898
Dépôt légal : avril 2015

Imprimé en France